오늘 배워 내일 쓰는 마케팅 실무 노하우!

15,000명 이상의 실무자가 검증한 마케팅 전략

# 디지털 마케팅과 페이스북 광고

FACEBOOK MARKETING | 이민규 저 |

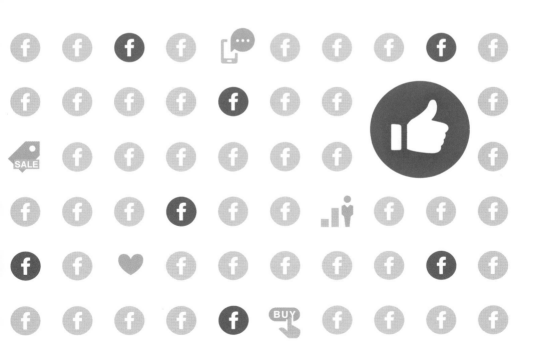

**DIGITAL BOOKS**
디지털북스

**| 만든 사람들 |**

**기획** IT · CG 기획부 | **진행** 양종엽 · 장우성 | **집필** 이민규 | **책임편집** D.J.I books design studio
**표지 디자인** D.J.I books design studio 원은영 | **편집 디자인** 디자인 숲 · 이기숙

**| 책 내용 문의 |**

도서 내용에 대해 궁금한 사항이 있으시면,
디지털북스 홈 페이지의 게시판을 통해서 해결하실 수 있습니다.

**디지털북스 홈 페이지** : www.digitalbooks.co.kr
**디지털북스 페이스북** : www.facebook.com/ithinkbook
**디지털북스 카페** : cafe.naver.com/digitalbooks1999
**디지털북스 이메일** : digital@digitalbooks.co.kr

**| 각종 문의 |**

**영업관련** hi@digitalbooks.co.kr
**기획관련** digital@digitalbooks.co.kr
**전화번호** 02 447-3157~8

머
리
말

　실무교육 서비스를 운영하며 시작한 마케팅 강의로 결국 책까지 쓰게 됐다. 직장 업무로 바쁜 와중에도 강의를 놓지 않았던 것은 내 스스로의 공부와 성장, 그리고 정리를 통해 얻게 되는 가치가 매우 컸기 때문이다. 그렇게 강의를 진행하며 수강생 분들이 고민하고 궁금해 하셨던 내용이 쌓이다 보니 어느새 책 한권의 분량이 나왔다. 때문에 이 책은 단순히 혼자만의 생각이 아닌, 이 책이 필요한 모든 분들이 갖고 있는 고충으로 탄생했다고 말하고 싶다.

　책을 쓰면서 가장 중점을 둔 부분이 있다면, 마케팅과 광고를 처음 접한 사람도 쉽고 빠르게 페이스북 광고를 운영할 수 있게 되는 것이다. 나아가 단순 매뉴얼을 전달하는 것을 넘어, 철저하게 실무에서 고민하고 실험 했던 내용과 전략을 정리해서 전달하고자 했다. 마지막으로 더 나은 성과를 만들기 위해서 무엇이 필요하고 무엇을 더 할 수 있는지, 조금은 어렵게 느껴질 수도 있는 페이스북 광고의 고급 기능까지 녹여냈다. 이로 인해 책을 읽는 독자분들 만큼은 본인이 겪었던 시행착오를 겪지 않고도 성공적인 퍼포먼스를 만들어 냈으면 하는 바람이 크다.

　이 책에서 주로 다루는 내용은 페이스북 광고 운영에 대한 내용이지만 단순히 매뉴얼을 설명하는 것은 아니다. 전반적인 디지털 마케팅 전략과 그에 따른 광고 플랫폼 운영 전략을 포괄하고 있기 때문에, 분명 페이스북 광고 외에 다른 광고 플랫폼을 접할 때도 많은 도움이 될 거라 확신한다. 더불어 지금 이 순간에도 페이스북 광고 플랫폼은 사소한 User Interface부터 부가적인 기능들까지 계속 업그레이드 되기 때문에 계속해서 공부하고 손에 익히는 것을 게을리하지 않도록 당부하고 싶다.

　마지막으로 이 책이 나오기까지 많은 힘든 상황이 있었음에도 항상 옆에서 지켜주고 응원해 준 나의 예비신부 안혜진과 사랑하는 가족들, 마케팅 뿐만 아니라 인생의 큰 자산이 되어주신 파인트리컴퍼니의 안덕진 대표님, 서효승 이사님, 김성윤 대표님, 이두희 실장님, 김현아 팀장님에게 감사함을 전한다.

2019년 11월
이 민 규(naeroks@gmail.com)

# CONTENTS

# 1편

## 무작정 따라하며
## 완성하는
## 페이스북 광고

## 1편을 시작하며

　1편의 내용은 이제 막 시작하는 신입 마케터 또는 아직은 마케팅과 광고가 어렵게 느껴지지만 직접 광고 운영을 하고자 하시는 창업자 분들을 위한 내용이다. 반면 2편의 내용은 1편을 완벽하게 숙지했거나, 기업의 마케팅 실무자들이 페이스북 광고의 기능을 보다 더 잘 활용하기 위해 필요한 내용으로 구성되어 있다.

## PART 01

# 디지털 마케팅,
# 더 이상 새로운 것이 아닌
# 이미 과거의 이야기

▶ 디지털 마케팅을 어떻게 바라봐야 하는가

▶ 이것만큼은 알고 시작하자, 디지털 마케팅 용어와 개념

# 디지털 마케팅을 어떻게 바라봐야 하는가

## 기술이 가져온 마케팅의 개인화

직장인 A씨는 주말에 급하게 입을 옷이 필요해 퇴근 후 백화점에 들러 쇼핑을 하고 있다. 마음에 드는 원피스를 발견하고 카드로 결제를 한다. 결제 승인 문자를 받고 30초 뒤, 포인트 적립을 위해 설치한 백화점 브랜드의 멤버십 App에서 알림이 온다. 방금 결제한 금액에서 약 25,000원 정도만 추가하면 30,000원 상당의 할인쿠폰을 발급받을 수 있다고 한다. 메시지를 클릭해 App을 열어보니 백화점 브랜드의 온라인 쇼핑몰에서 장바구니에 담았던 것들 중 20,000~50,000원 정도의 상품들이 노출 되고 있다. 각 상품 밑에는 백화점 내에서 구매할 수 있는 매장 위치가 함께 보여진다.

사업가 K씨는 몸이 열개라도 부족할 정도로 바쁜 하루를 보내고 있다. 사무실에 출근하며 근처 카페에 들어서면 스마트폰 Push 메시지와 함께 늘 주문하는 음료를 주문하겠냐는 알림이 뜬다. 몇 가지 대안이 함께 제시되지만 K씨는 항상 같은 선택을 한다. 사무실에 도착해 노트북을 켜고 메일을 확인하는데, 곧 다가올 어린이날 선물을 추천하는 내용이 눈에 띈다. 메일을 열어보자 작년 이 맘때 7살 아들에게 선물했던 장난감이 보이며, 올해 트렌드에 맞는 새로운 장난감 정보가 함께 추천 된다. K씨는 몇 가지 대안 중 가장 마음에 드는 것을 선택하고 어린이날에 맞춰 배송을 요청한다.

자동차 구매를 고려 중인 H씨는 출근 중 관심있는 브랜드의 홈페이지에서 차량 옵션을 선택해가며 견적을 내고 있다. 원하는 옵션을 모두 선택하고 견적 정보를 요청하자 가격 정보와 함께 무료 시승 서비스에 대한 안내가 나온다. 직접 매장까지 찾아갈 필요 없이 퇴근 길에 집까지 차량을 경험해 볼 수 있도록 해준다고 한다. 퇴근 후 직장까지 마중 나온 차량에 탑승한 H씨. 시운전을 하는 과정에서 동승한 딜러는 금융과 관련된 몇가지 추가적인 정보를 물었고 딜러는 해당 정보를 태블릿에 입력한다. 시승을 마치고 집에 도착하자 잠시 후 차량을 구매하는 데 있어 가장 적합한 금융상품 및 결제 방법에 대한 문자와 메일이 도착했다.

## 더 이상 미래가 아닌 과거의 이야기

이와 같은 사례들은 현재 일어나고 있는 일들이다. 더 이상 마케팅의 미래는 상상 속에 있지 않다. 실제 현업에 종사하는 마케팅 실무자들은 이와 같은 이유로 많은 고민을 안고 있다. 기술의 변화 속도가 너무도 빠르기 때문에 고객들의 콘텐츠 소비 패턴과 마케팅 기술의 변화를 따라가기가 버겁기 때문이다.

하지만 마냥 부정적인 측면만 존재하는 것은 아니다. 앞서 언급한 것과 동일한 이유로 많은 기회가 생기고 있는 것 또한 사실이다. 고객들의 콘텐츠 소비 패턴 변화와 마케팅 기술 변화는 다양한 마케팅 채널을 생겨나게 하고, 해당 채널에서 잠재고객을 정확히 타겟팅 할 수 있게 했다. 또한 간편하게 적용할 수 있는 마케팅 솔루션 역시 생겨나면서, 스타트업이나 중소기업이 사업을 더욱 쉽게 운영할 수 있게 만들었다.

그렇다면 디지털 마케팅은 기존의 마케팅 또는 온라인 마케팅과 어떠한 점이 다른 것 일까? 우리는 크게 3가지 관점에서 디지털 마케팅을 바라보고 접근해 볼 수 있다.

첫째, 온-오프라인에서 모두 접근 가능하며 동일한 경험을 지속적으로 제공하는 마케팅이다. 과거 온라인 마케팅은 사용자가 주로 PC를 이용하는 시간과 환경에서만 접근이 가능한 방법이었다. 하지만 스마트폰으로 인해 현실적인 시간과 공간의 제약이 없어졌고, 각종 스마트 기기간의 정보가 교차 되면서 언제 어디서나 동일한 경험을 제공하게 되었다. 우리는 출퇴근 시간 스마트폰으로 시청하던 넷플릭스 영화를 집에서 TV로 이어볼 수 있는 것에 아무런 거리낌이 없다.

둘째, 브랜드와 상품을 만나기 이전에 콘텐츠를 먼저 접하는 마케팅이다. 과거와 같이 고객이 상품을 구매할 때 정보가 부족할 경우, 이미 인지하고 있는 브랜드를 기준으로 선택을 하게 된다. 이 때 고객은 매우 제한적인 선택권을 갖게 되고, 마케팅의 성공 여부는 브랜드 인지를 위한 캠페인이 된다. TV 광고가 갖고 있던 절대적인 영향력을 생각하면 이해가 빠를 것이다. 반면 고객이 많은 정보를 갖고 있을 경우 자연스레 구매 선택권은 넓어지고, 이로 인해 브랜드 간의 경쟁은 더욱 치열해 지며 광고를 비롯한 마케팅 역시 포화상태에 이르게 된다. 이러한 현상은 우리가 경험해 온 온라인 마케팅의 대표적인 현상이다.

디지털 마케팅은 치열한 광고 전쟁에서 벗어나 고객의 정확한 니즈를 파악한 후 유익한 정보를 제공함으로써 고객과의 접점을 늘리고 지속적인 관계를 맺는 과정이다. 이 때 제공하는 콘텐츠를 통해 고객의 니즈를 충족시키고 고객의 행동을 추적해 맥락에 일치하는 적합한 메시지를 전달함으로써 목표를 달성한다.

셋째, 철저히 개인화 되고 자동화된 마케팅이다. 디지털 환경에서 고객은 원하는 모든 정보에 접근할 수 있으면서도 개인에게 맞춤화된 최적의 서비스를 누린다. 이는 취향과 관심, 패턴에 따라 모든 콘텐츠가 개인에게 최적화 되는 기술 덕분이다. 쉽게는 유튜브와 넷플릭스를 통해 이러한 경험을 할 수 있고, 아마존은 해당 기술을 통해 개별 소비자에게 맞춤 서비스를 제공하며 많은 매출 성장의 기회를 발견했다. 이는 디지털 마케팅 기술에도 고스란히 적용되고 있다. 디지털 마케팅의 기술은 자사 브랜드와 서비스에 관심있는 고객을 정확히 타겟팅 할 수 있게 해주며, 그들에게 매력적인 콘텐츠를 판단하고 노출시킨다. 그리고 이러한 기술과 기능은 스스로 최적화 되어 가고 자동화 되어 가고 있다.

# 이것만큼은 알고 시작하자. 디지털 마케팅 용어와 개념

이 책에서 다룰 내용은 디지털 마케팅의 개념에 입각해 페이스북이라는 광고 도구를 활용하는 방법이다. 따라서 디지털 마케팅에서 주로 사용 되는 용어와 개념 뿐 아니라 기존 온라인 광고에서 사용 되는 용어 및 개념에 대한 부분까지 포함해 다룰 예정이다. 만약 대부분 이미 알고 있는 단어와 개념이라고 한다면 빠르게 스킵하고 넘어가도록 하자

### CPC (Cost Per Click)

광고 비용을 지불하는 방식 중 하나로 클릭당 비용이라고 부른다. 이는 광고가 노출된 횟수와는 관계 없이 광고가 클릭 될 때마다 비용을 지불하는 방식이다. 클릭이 잘 이루어지지 않는 브랜딩 광고를 진행할 때 사용하면 노출은 확보할 수 있으면서 비용을 절감할 수 있기 때문에 효과적이다. 대표적인 CPC 광고 채널은 검색광고가 있고, 디스플레이 광고 및 페이스북 광고에서도 CPC 방식을 적용할 수 있다.

### CPM (Cost Per Mille)

마찬가지로 광고 비용을 지불하는 방식 중 하나로 노출당 비용이라고 부른다. 광고가 1,000회 노출될 때마다 비용을 지불하는 방식으로 광고에 대한 클릭은 비용에 대한 영향을 미치지 않는다. 클릭이 많이 발생할 것이라 예상되는 이벤트 성 광고 소재에 적용하면 비용 절감에 효과적일 수 있다. 브랜드 인지도를 높이기 위해 보다 많은 사람에게 광고를 노출하고자 할 때 주로 사용된다. 또한 포털사이트, App, 커뮤니티 등의 배너광고는 주로 CPM 기반으로 운영되는 경우가 많다.

### CTR (Click Through Rate)

클릭률이라 불리는 CTR은 광고의 노출 대비 클릭 수를 나타내는 지표이다. 노출 수 대비 클릭 수를 백분율로 나타내 표현한다. 예를 들어 노출이 1,000번 발생했을 때 클릭이 5번 발생했다면 CTR은 0.5%가 된다. 광고의 크리에이티브를 평가할 때 가장 직접적으로 판단할 수 있는 지표이기도 하다.

### 전환 (Conversion)

디지털 마케팅에서의 주요 성과 지표 중 하나로, 고객이 우리가 목표로 하는 행동을 완료하는 것을 뜻한다. 예를 들어, 온라인 쇼핑몰에서의 전환이라면 결제가 될 것이고, 온라인 보험사의 경우 상담신청 완료가 될 것이다. 전환은 모든 디지털 마케팅 활동에서 중요한 지표로서 작용한다. 마케팅 채널을 운영함에 있어서는 전환율이 높은 사용자를 획득하는 것이 중요하고, 웹사이트에서는 고객의 전환율을 높이기 위한 경로 설계 및 설득력 강화 등의 작업이 진행되기 때문이다. 여기서 웹사이트 유입 대비 전환 수를 나타내는 지표를 전환율(CVR, Conversion Rate)이라고 하며, 실제 전환 지표 보다는 전환율 지표를 주로 사용한다.

### ROAS (Return On Ad Spending)

광고의 효율을 측정하는 지표이다. 광고를 통해 발생한 매출을 광고비로 나눈 백분율로 표시한다. 예를 들어, 100만원을 통해 1,000만원의 매출을 발생시켰다면 ROAS는 1,000%이다. 안정적인 비즈니스 운영을 목표로 볼 때 ROAS 1,200% 수준을 이상적으로 평가한다. 하지만 사업 초기 공격적인 마케팅을 진행하거나, 성수기 시즌에 경쟁이 심화될 때에는 ROAS가 떨어지는 것이 일반적이다. 한정된 예산으로 효율적인 마케팅을 진행하기 위해서는 월간 목표 ROAS에 대한 설정이 필요하다.

## CAC (Customer Acquisition Cost)

고객 획득 비용이라 불리는 CAC는 총체적인 마케팅 활동의 건전성을 평가하는 지표이다. 비즈니스가 지속되기 위해서는 CAC(고객 획득 비용)가 LTV(고객 생애 가치)보다 낮게 형성되어야 한다. CAC를 측정할 때는 고객을 획득하기 위해 사용한 마케팅 비용의 총합을 획득된 고객의 수로 나누면 된다. 다만 이 때는 단순히 광고 비용만을 포함하는 것이 아니라 쿠폰, 할인, 기념품 등 간접적으로 지출된 마케팅 비용까지 포함되어야 한다.

## LTV (Lifetime Value)

한 명의 고객이 서비스를 이용하는 시작부터 더 이상 이용하지 않게 되는 시점까지 창출하는 총 가치의 합을 말한다. 예를 들어, 넷플릭스와 같은 구독형 스트리밍 서비스를 월 1만원 가격으로 2년동안 이용했다고 하면, 이 고객의 LTV는 24개월 × 1만원 = 24만원이 된다. 간혹 LTV를 구하기 어려운 경우 객단가로 불리는 ARPPU(Average Revenue Per Paid User)로 대체 하기도 한다.

## KPI (Key Performance Indicator)

핵심 성과 지표는 목표를 달성하기 위해 측정하는 주요 지표를 말한다. 경영학적인 관점에서 사용하는 이 용어와 개념은 마케팅에서 목표 달성을 위한 나침반 같은 존재이다. 먼저 마케팅 목표를 설정하고 이 목표를 달성하기 위해 필수적으로 측정하고 관리해야 할 지표들을 선정하는데, 이것이 바로 KPI가 된다. 가령 순이익률의 증대가 목적이라면 CAC, ARPU, ROI 등의 지표를 KPI로 설정하고 관리하는 것이다. KPI가 중요한 이유는 먼저, 우리가 달성하고자 하는 목표를 위해 무엇을 개선해야 하는 지를 명확하게 알 수 있다. 또한 KPI는 이해관계자들에게 명확한 시사점을 제시하기 때문에 커뮤니케이션의 비효율성도 개선시킬 수 있다.

## 웹 로그 분석

웹사이트로 유입된 사용자들의 숫자부터 시작해 사이트 내에서의 기기 등의 접속 환경, 이동경로, 체류시간, 페이지뷰, 이탈률, 전환율 등의 데이터를 측정하고 분석하는 것을 말한다. 가장 대표적이고 널리 활용되는 웹 로그 분석 툴은 Google Analytics가 있고, 그 외에도 Adobe Analytics를 비롯한 다양한 로그 분석 툴이 존재한다.

### 구매 전환 퍼널 (Sales Funnel)

고객이 마케팅을 접하는 것 부터 제품 정보를 탐색하고 구매까지 이르는 일련의 과정은 각 단계를 거치면서 그 모수가 줄어들게 된다. 이 모양이 마치 깔대기(Funnel) 같다 하여 구매 전환 퍼널(Sales Funnel)이라 부르는데, 이 개념은 단순 마케팅 뿐만 아니라 웹사이트 내 전환 과정 및 비즈니스 운영 등에서 다양하게 사용된다. 전환 퍼널의 개념이 중요한 이유는 고객이 전환 되기 까지의 일련의 과정을 단계별로 나누어 각 단계에서 다음 단계로 이어지게 하기 위한 세부적인 전략 도출이 가능하기 때문이다. 온라인 쇼핑몰의 경우 장바구니에 상품을 담고 1주일 이내 구매하지 않은 고객에게 쿠폰을 발급하는 전략이 가능한 것이 예이다.

### 리마케팅 (Remarketing)

리마케팅 또는 리타겟팅이라 불리는 마케팅 기법은, 웹사이트를 방문 했거나 특정 페이지를 조회한 사용자를 대상으로 다시 광고를 통해 마케팅을 진행하는 방법이다. 불특정 다수 보다 자사 브랜드 및 서비스를 경험한 고객은 구매로 전환될 확률이 더욱 높기 때문에 리마케팅의 효과 역시 매우 높게 나타난다. 리마케팅을 위해서는 자사 웹사이트에 태그 설치가 필요하며, 페이스북 광고의 경우 픽셀 설치가 필요하다.

### 랜딩 페이지 (Landing Page)

고객이 광고 등을 통해 자사 웹사이트에 처음 방문하는 페이지를 말한다. 도착 페이지라고도 하며 때로 연결 URL이라고도 한다. 사용자가 랜딩 페이지에 도착한 후 아무런 행동을 취하지 않고 떠나는 것을 이탈(Bounce)이라고 하는데, 이 때 측정되는 이탈률(Bounce Rate)은 랜딩 페이지의 성과를 측정하기 위한 매우 중요한 지표이다.


### 쿠키 (Cookie)

사용자가 웹사이트를 방문할 때 저장되는 파일로 사용자의 인증 정보를 기억한다. 우리가 로그인 할 때 마다 개인정보를 입력하는 수고를 덜어주기도 한다. 과거 리마케팅은 사용자의 쿠키 정보를 기반으로 작동되었다. 하지만 최근에는 점차 고객의 ID 기반으로 작동되는 추세이다. 쿠키 기반의 리마케팅은 사용자가 동일한 기기 및 브라우저를 이용할 때만 작동하는 것에 반해, ID 기반의 리마케팅은 기기와 브라우저에 관계 없이 리마케팅이 작동할 수 있다는 점이 가장 큰 장점이다.


### API (Application Program Interface)

응용 프로그래밍 인터페이스는 응용 프로그램에서 사용할 수 있도록 운영 체제나 프로그래밍 언어가 제공하는 기능을 제어할 수 있게 만든 인터페이스를 말한다. API는 마케팅 용어는 아니지만 디지털 마케터가 실무에서 주로 접하게 되는 용어와 개념 중 하나이다. 특정 서비스 또는 플랫폼에서 제공하는 기능을 다른 서비스 또는 플랫폼에서 응용하고 활용할 수 있도록 그 기능을 제공하는 역할을 한다. 대표적으로 네이버의 검색광고 실시간 자동 입찰 프로그램을 운영하기 위해서는 네이버 검색광고의 API가 필요하고, 이메일 솔루션을 사용해 자동 이메일 발송 시스템을 구축하고자 한다면 해당 이메일 솔루션에서 제공하는 API가 필요하다. 우리가 네이버, 페이스북 또는 구글 아이디로 특정 웹사이트에 간편 회원가입이 가능한 것 역시 해당 업체들이 제공하는 API 덕분이다.

## PART 02

# 왜 페이스북에서
# 광고를 해야 할까?

가장 강력한 광고 콘텐츠 플랫폼 페이스북

강력한 데에는 이유가 있다! 페이스북 광고의 특장점

# 가장 강력한 광고 콘텐츠 플랫폼 페이스북

## 변화하는 광고의 시작, 페이스북

마케팅 기술이 갈수록 고도화 되면서 마케팅 자동화와 디지털 마케팅의 개념이 각광받고 있다. 세밀한 고객의 행동 분석과 정교한 타겟팅 기능이 가능해지면서 이전과는 다른 마케팅 퍼포먼스가 가능해졌는데, 동시에 알아야 할 것도 해야할 것도 많아진 세상이다.

사실 몇 년 전까지만 해도 마케팅, 특히 광고 영역은 광고대행사의 전유물과 같은 영역이었다. 구글의 GDN(현재는 Google Ads 라는 이름으로 변경)과 같은 광고 시스템이 아무리 잘 구성되어 있다 하지만 여전히 초보자에게는 진입장벽이 높았다. 기업에 속한 대부분의 마케터 조차 광고 상품과 채널의 대략적인 특색과 정보만 알고 있을 뿐, 직접 운영이 가능한 정도의 수준까지 보유하지 못한 경우가 많다.

지금도 광고 시장은 여전히 구글과 네이버, 애드 네트워크가 주를 이루며 대행사의 운영 능력에 기반하고 있지만, 페이스북의 등장 이후 많은 것이 변하고 있다. 우선 페이스북은 사용자 위주의 친숙한 서비스이면서 네이티브 광고 형태를 취하고 있기에 상대적으로 광고에 대한 거부감이 적다. 또한 페이스북 페이지를 활용한 콘텐츠 마케팅으로 사용자들이 페이스북이라는 플랫폼 사용에 익숙하다는 장점 때문에, 광고 대행사를 고용하기 어려운 중소기업들이 직접 광고 운영에 나서고 있다.

페이스북 역시 이러한 점에 착안해 더 많은 광고주를 모시기 위해 고군분투하고 있다. 친절한 광고 매뉴얼은 기본이고, 블루 프린트라고 하는 자격시험을 개설해 사람들이 도전할 수 있는 게이트를 계속 열어두고 있으며, 소상공인이나 입문자들을 대상으로 정기적인 교육을 진행하고 있다.

## 나날이 발전하는 페이스북

사람이 모이는 곳(플랫폼)에는 항상 광고가 등장 하기 마련이고, 광고를 많이 할 수록(광고주가 많아질수록) 플랫폼 사업자는 돈을 벌 수 있으니, 페이스북의 광고 기능이 고도화 되는 것은 당연한 수순이다. 그런데 페이스북이 처음부터 이러한 행보를 보인 것은 아니었다.

약 10년도 더 전에 미국에 있는 친구가 종종 한국에 놀러 와서는 미국판 싸이월드 라고 소개해 준 것이 바로 페이스북과의 첫 만남이었다. 당시 페이스북은 순전히 네트워크 기능에 초점이 맞춰진 SNS라고 할 수 있었다. 하지만 10년도 더 지난 지금 페이스북을 단순 네트워킹 플랫폼이라고 보기에는 큰 무리가 있다. 많은 사람들이 주로 콘텐츠와 정보를 소비하는데 페이스북을 사용하기 때문이다. 뿐만 아니라 언론의 주요 이슈를 받아 보고, 메신저와 통화 기능까지 이용할 수 있다. 동영상 기능까지 더욱 강화된 지금의 페이스북은 말 그대로 종합 콘텐츠 플랫폼의 역할을 하고 있다.

페이스북을 이용하는 사용자 수가 많다는 것(충분한 데이터)과 그들이 페이스북에서 관심 콘텐츠를 소비한다는 것(이용 행태에 따른 사용자 분류)은 다시 말해 그들의 행동이 추적 가능한 데이터로 남게 된다는 것을 의미한다. 또 이것은 바꿔 말해 페이스북이 보유한 데이터 기반의 광고가 그만큼 강력하다는 것을 뜻한다. 주 이용시간과 이동경로에 맞춰 내가 평소 즐겨본 콘텐츠나 결제한 상품의 구매 주기를 파악하고, 적절한 시기에 적절한 장소에서 적합한 마케팅 메시지를 전달하는 것이 페이스북에서는 가능하다.

## 광고는 그저 도구일 뿐, 중요한 것은 결국 전략

페이스북 광고 자체는 그저 마케팅 도구일 뿐이다. 도구는 학습을 통해 사용법을 익히는 것이기에 배우기만 하면 어렵지 않게 사용할 수 있다. 그렇다면 페이스북 광고라는 도구를 어떻게 해야 잘 활용할 수 있을까? 일단 광고라는 것은 돈이 많을수록 무조건 좋은 것이다. 입찰가를 높이면 경쟁사보다 광고를 더욱 많이 노출시킬 수 있고 고객의 인식과 브랜드 인지도를 모두 상승시킬 수 있기 때문이다. 하지만 기업의 자원은 항상 한정돼 있기 때문에, 이 한정된 자원을 효율적으로 운영할 수 있는 전략이 필요한 것이다. 그리고 이러한 맥락에서 우리는 페이스북의 기능을 잘 숙지해야하는 것이다. 앞으로 페이스북 광고 기능을 하나씩 살펴보면서 숙지하고, 전반적인 마케팅 전략 아래 이를 어떻게 활용할 수 있을지에 대해 알아보자.

# 강력한 데에는 이유가 있다! 페이스북 광고의 특장점

## 디지털 마케팅의 필수 채널, 페이스북

페이스북은 최근 디지털 마케팅에서 빼놓을 수 없는 채널이 되었다. 단순히 사용자 수가 많고, 모바일에 최적화된 서비스라는 점 이외에도 우리가 주목해야 할 많은 장점들이 있기 때문이다. 페이스북이 타 광고 플랫폼에 비해 상대적으로 뛰어난 점은 크게 다섯가지 정도가 있는데 다양한 콘텐츠 형식, 강력한 타겟팅, 손쉬운 UI 구조, 저렴한 광고운영 비용, 높은 효율성 등을 꼽을 수 있다. 다음 내용에서 하나씩 자세하게 살펴보자.

다양한 컨텐츠 형식 지원    강력한 타겟팅 기능    손쉬운 UI 구조

상대적으로 저렴한 비용    네이티브 광고의 높은 효율성

## 첫째, 다양한 콘텐츠 형식 지원

기존의 온라인 광고 형식이 단순 이미지, 플래시, 텍스트 형식에 그쳤던 것에 반해 페이스북은 굉장히 다양한 콘텐츠 형식을 지원하고 있다. 페이스북 광고는 이전에 행해졌던 광고 양식에 동영상, 슬라이드 같은 요소들을 포함하여 복합적으로 사용할 수 있다. 그리고 이 차별점이 의미하는 바는 굉장히 크다.

| 단일 이미지 | 단일 동영상 | 슬라이드 | 슬라이드 쇼 | 전체 화면 캔버스 |
|---|---|---|---|---|
| 권장 이미지 크기 : 1200*628 픽셀<br>이미지 비율 : 1.91 : 1<br>본문 텍스트 90자 이내<br>제목 텍스트 25자 이내<br>링크 설명 텍스트 20자 이내 | 파일크기 : 최대 2.3GB<br>길이 : 최대 60분<br>본문 텍스트 90자 이내<br>제목 텍스트 25자 이내<br>링크 설명 텍스트 20자 이내 | 권장 이미지 크기 : 600*600 픽셀<br>이미지 비율 : 1 : 1<br>본문 텍스트 90자 이내<br>제목 텍스트 20자 이내<br>링크 설명 텍스트 30자 이내 | 권장 이미지 크기 : 1,280*720 픽셀<br>길이 : 16:9<br>해상도 : 3-7장<br>길이 : 15초<br>본문 텍스트 90자 이내<br>제목 텍스트 25자 이내<br>링크 설명 텍스트 20자 이내 | 이미지 비율 : 1.9 : 1<br>이미지 크기 : 1200*628 픽셀<br>권장<br>본문 텍스트 90자 이내<br>제목 텍스트 45자 이내<br>피드 유닛에는 이미지 또는 동영상 중 하나 사용 가능 |

생각해보자. 우리 사업이 인테리어 가구나 의류 제품과 같이 시각적인 이미지만으로도 충분히 제품의 가치를 표현할 수 있다면 이미지 형태의 배너 광고만으로도 큰 문제가 없을 것이다. 하지만 교육과 같은 무형 콘텐츠나 기능성 화장품과 같이 사용 전 후의 효과를 표현해야 하는 제품은 가치를 전달하는 방법에 한계가 존재한다. 페이스북의 다양한 콘텐츠 형식 지원은 우리 사업과 브랜드, 제품의 가치를 더욱 효과적으로 표현할 수 있게 해준다.

## 둘째, 강력한 타겟팅 기능

페이스북의 타겟팅 기능은 강력하다. 그 기반은 바로 페이스북 이용 행태와 콘텐츠 종류 및 특성에 대한 반응이다. 타겟에 대한 보다 상세한 기능과 내용은 추후 자세하게 다루기로 하고, 전반적인 타겟팅 기능에 대해 살펴보면 다음과 같다.

### 1. 핵심 타겟

일반적인 페이스북 회원의 연령, 성별, 언어, 지역 등의 인구통계학적 데이터 외에도 타겟의 관심사 기반으로 타겟팅이 가능하다. 특히 직장 등의 정보나 특정 그룹에 가입한 사용자, 특정 페이지의 구독자 등 사용자의 행동 데이터를 기반으로 한 타겟팅이 가능해 다양한 방식으로 잠재고객에게 접근할 수 있다.

### 2. 맞춤 타겟

보유한 고객정보와 사이트에 방문한 트래픽 정보를 기반으로 보다 정확한 잠재고객을 타겟팅 할 수 있다. 예를 들어 App에서 튜토리얼을 마친 고객, 페이스북에서 발행한 콘텐츠나 페이지에 좋아요를 누르는 등의 액션을 취한 타겟, 페이스북 동영상 콘텐츠를 몇 초 이상 시청한 타겟 등을 선별해 광고를 집행할 수 있게 한다.

### 3. 유사 타겟

위에서 설정한 맞춤 타겟과 유사한 행동 양식을 보이는 잠재고객을 타겟팅 할 수 있다. 이 타겟은 맞춤 타겟의 관여도가 높을 수록 유의미한 잠재고객이 될 확률이 높다. 또한 유사 타겟의 LTV 기능은 고객이 산출한 데이터를 기반으로 생애가치가 높은 잠재고객을 선별해 타겟팅 할 수 있도록 도와준다. 물론 이 LTV 기능을 사용하기 위해서는 고객의 가치를 책정한 데이터가 추가적으로 필요하다.

## 셋째, 손쉬운 UI 구조

페이스북의 광고 플랫폼과 구조는 상대적으로 이용하기 쉬운 UI 구조를 갖고 있다. 그래서 단계별로 차근차근 스텝을 밟아가며 빈칸을 채워가는 느낌으로 설정하면 광고가 완성된다.

앞서 언급한 것과 같이 페이스북 광고라는 것은 그저 도구에 불과하기 때문에, 학습 과정만 거친다면 별 문제 없이 사용할 수 있다. 다만 어렵다고 느껴지는 이유는 그저 익숙하지 않기 때문이다. 본인 역시 처음 페이스북 광고를 운영해야 했을 때는 덜컥 겁부터 났던게 사실이다. 이것저것 찾아보고 매뉴얼도 찾아가며 하나하나 설정 했던 기억이 난다. 하지만 이 책을 읽는 여러분 모두 책의 내용이 끝나갈 때 즈음이면 그리 어렵게 느껴지지 않을 것이라 확신한다. 긍정적인 것은 페이스북 광고에 익숙해진다면 전반적으로 동일한 구조를 보이는 구글광고나 네이버 검색광고와 같은 플랫폼 역시 쉽게 적용할 수 있다는 것이다.

## 넷째, 상대적으로 저렴한 광고 운영 비용

다음 특장점은 상대적으로 저렴한 광고 운영 비용이다. 하지만 오해하면 안된다. 무조건적으로 저렴한 것이 아니기 때문이다. 저렴하게 운영할 수 있는 방법과 기회가 있다고 해석하는 것이 옳겠다.

페이스북의 광고 노출 우선순위는 광고의 입찰가와 광고 품질지수에 의해 결정된다. 쉽게 말해 돈을 많이 쓰면 광고가 더욱 많이 노출되는 것이고, 경쟁사와 입찰가가 비슷할 경우 광고 퀄리티가 뛰어나야 더 많이 노출되는 것이다. 이는 곧 광고의 품질이 뛰어나다면 비용을 많이 쓰지 않더라도 광고가 많이 노출될 수 있다는 것을 말한다. 그런데 사실 구글광고와 네이버 검색광고도 이와 비슷한 알고리즘을 적용하고 있다. 그렇다면 도대체 페이스북은 무엇이 다른 것 일까?

페이스북은 구글이나 네이버와 달리 광고 품질을 결정하는 남다른 요소가 있다. 바로 사람들이 광고 콘텐츠에 반응한다는 것이다. 구글의 배너 광고나 네이버의 검색 광고 역시 광고 소재의 적합성과 클릭률, 체류시간, 이탈률 등의 요소에 의해 광고 품질이 결정되는데, 페이스북은 여기에 추가적으로 좋아요, 댓글, 공유 등의 상호작용 요소가 추가된다. 우리의 광고 콘텐츠가 사람들에게 좋아요, 댓글, 공유와 같은 긍정적인 반응을 이끌어낼 수 있다면 광고 품질이 향상되면서 광고 비용은 줄어들게 되는 것이다. 온라인 배너 광고나 검색 광고에는 좋아요, 공유를 누르거나 댓글을 달 수 없지 않은가? 페이스북은 광고품질을 결정짓는 요소가 많은 만큼 품질을 향상시킬 수 있는 기회 역시 많은 것이다.

## 다섯째, 네이티브 광고의 높은 효율성

네이티브 광고는 쉽게 말해 광고와 일반 콘텐츠의 구분이 거의 없는 형태의 '광고'이다. 실제 페이스북의 광고는 일반 뉴스피드에서 보이는 콘텐츠와 별반 차이가 없다. 차이가 있다면 콘텐츠에서 페이지 이름 아래 희미하게 써있는 'Sponsored'라는 문구 뿐이다. 이 광고 콘텐츠가 일반 콘텐츠 5~6개 사이에 하나씩 노출 되는 형태이다 보니, 보통은 이 둘을 분간하기 어려울 뿐 아니라 분간할 필요도 없는 것이다.

광고에 대한 피로도가 무척이나 높은 고객은 조금만 광고 같아도 잘 보지 않는 경향이 있다. 그러나 네이티브 광고 형태는 광고가 광고같이 보이지 않기 때문에 사람들의 거부감을 줄일 수 있고, 그만큼 광고에 대한 인지, 클릭률 같은 부분에서 높은 성과를 가져갈 수 있는 것이다. 이와 같은 맥락에서 광고를 광고처럼 보이지 않고 콘텐츠처럼 보이게 하는 트렌드, 콘텐츠를 활용해 광고 마케팅을 집행하는 콘텐츠 마케팅이 각광 받고 있는 것이며, 페이스북은 그러한 콘텐츠 마케팅에 최적화된 플랫폼이라 할 수 있다.

실제 본인이 운영한 데이터를 기반으로 페이스북 광고의 효과는 타 플랫폼의 광고 (온라인 배너광고 기준) 보다 클릭률 등에서 25배의 차이를 보였다. 물론 이러한 기준은 상대적이고 광고 기획과 소재에 따라 큰 차이를 보이기 때문에 보편적인 것은 아니지만, 본인의 운영 경험상 채널별 성과가 100배 이상의 차이를 보이는 경우도 있었다. 이 책에서 그 노하우를 최대한 담아내 보고자 한다.

## PART 03

# 엄마도 이해할 수 있는 페이스북 광고 구조와 셋팅 전략

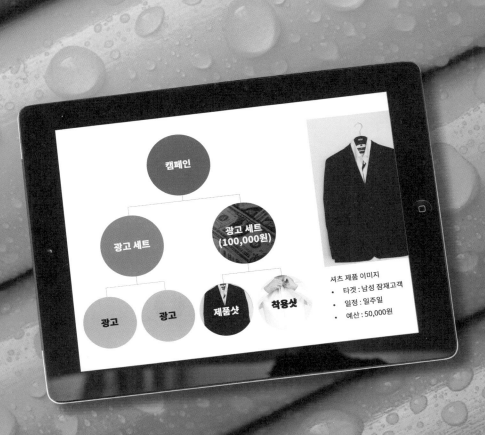

# 페이스북 광고 시작을 위한 디지털 마케팅 마인드셋

마케팅의 기술이 나날이 발전하는 환경에서 이를 어떻게 하면 더욱 잘 활용할 수 있을 지에 대해 고민하는 것은 마케팅 실무자의 숙명이다. 모든 마케팅 활동이 크게 다르지 않겠지만, 아래와 같은 포인트에 초점을 맞춰서 생각한다면 우리는 넘쳐나는 기술과 데이터가 주는 혼란에서 조금이라도 더 올바른 판단을 할 수 있을 것이다.

### 첫째, 보이지 않는 고객의 행동과 마음을 읽어내는 것

과거의 마케팅 기술은 고객의 행동이 결과로 나타나는 것에 한정됐다. 광고의 클릭수, 사이트 유입량에서 부터 시작해 회원가입 완료 수와 구매 완료로 귀결되는 흐름이었다. 하지만 지금은 마케팅 채널로부터 유입된 사용자의 이동 경로와 체류시간, 소비한 콘텐츠의 숫자와 시간, 이탈 지점 및 포인트까지 '과정'을 측정할 수 있는 환경이다. 쉽게 말해 고객의 세부적이고 실시간에 가까운 행동 추적이 가능해진 것이다. 이러한 기술 발전이 시사하는 바는 굉장히 큰데, 예산을 집중해야 할 마케팅 채널을 파악하는 것 뿐만 아니라, 고객 여정 지도에 따른 서비스 구축 및 메시지 전달이 가능하며, 나아가 서비스의 단점을 개선시켜 고객의 이탈을 최소화한다면 비용의 증액 없이도 성과를 높일 수 있기 때문이다.

### 둘째, 고객의 니즈와 취향을 저격하는 것

고객의 행동이 추적 가능해지는 순간부터 데이터를 통해 전환을 유도하기 위한 패턴과 규칙을 찾아낼 수 있게 된다. 분석 과정을 통해 고객이 구매를 결정하는 시점을 찾아낼 수 있고, 특정 성향을 보이는 고객 그룹을 분류할 수도 있는데, 이를 활용해 고객 상황과 니즈에 적합한 마케팅 활동을 펼쳐 전환율을 높이는 방법이 가능해졌다. 쉽게 말해 고객이 원하는 상품을 원하는 시기에 구매할 수 있도록 유도하는 개인화 마케팅이 가능해졌다는 것이다.

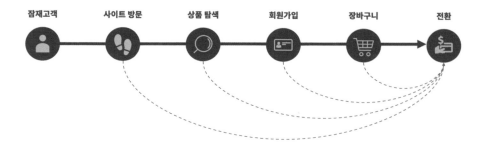

따라서 광고의 효율을 높이기 위해서는 일관된 메시지를 더 많이 노출시키는 것이 아니라, 어떠한 타이밍에 어떠한 메시지를 던져 고객을 구매 퍼널의 다음단계로 유도할 것인가에 대한 고민이 필요한 것이다.

### 셋째, 정답에 빠르게 근접해 가는 것

마케팅은 항상 도전의 연속이다. 경쟁에서 이기기 위한 도전이고, 익숙함을 탈피하기 위한 도전이며, 차별화를 유지하기 위한 도전이다. 이 도전은 실험을 분석하고 새로운 가설을 세워 이를 검증하는 과정을 계속해서 반복하는데, 디지털 마케팅에서는 실험과 분석이 더욱 세밀하고 정교해 졌다. 보다 심층적인 분석을 통해 명확한 가설 수립이 가능해졌고, 실험과 결과 확인이 빨라지기 때문에 결론 역시 빠르게 도달할 수 있다. 결국 기술의 뒷받침으로 삽질을 최소화할 수 있다는 것이다.

앞서 페이스북은 디지털 마케팅에서 빼놓을 수 없는 필수 채널이라 말했는데, 그 이유는 위에 언급한 3가지 포인트를 구현하기에 최적화된 채널이기 때문이다.

# 페이스북 광고의 시작, 트래킹과 픽셀 이해하기

### 고객의 몸에 GPS를 심어라.

디지털 마케팅의 전제조건은 측정이다. 고객을 분석하는 것도, 고객의 니즈와 취향을 파악해 고객의 특성을 분류하는 것도, 이들에게 접한한 메시지를 던지는 것도, 모두 고객의 행동을 측정할 수 있어야만 가능한 것들이다.

고객 행동 측정을 위해서는 고객의 몸의 GPS를 심는 것과 같은 측정 장치가 필요한데, 페이스북에서 이러한 기능의 장치를 '픽셀'이라 한다. 하지만 고객의 몸에 GPS를 심는 것은 실질적으로 불가능 하기에, 웹사이트나 App 서비스에 이 픽셀을 설치한다. 이후 이 픽셀은 사이트나 App으로 유입된 사용자를 쫓아다니며 말 그대로 GPS의 역할을 수행하게 된다. 픽셀이 고객을 쫓아다니며 기록한 흔적은 데이터로 남게 되는데, 이렇게 생성된 데이터를 우리는 아래와 같이 활용할 수 있다.

### 첫째, 기기간 전환 측정

사용자가 일단 사이트에 방문해 추적 정보가 심어지면 그 이후 PC, Mobile 구분 없이 고객을 트래킹 할 수 있다. 실제 본인의 사례로, 휴가 기간 여행 계획을 위해 노트북으로 Airbnb 숙소 정보를 알아본 후, 스마트폰으로 페이스북을 켜자마자 방금 확인한 숙소 정보가 광고로 노출되었다. 광고 콘텐츠는 해당 숙소의 인기 때문에 조기에 예약이 마감될 수 있으니 서둘러 예약 하라는 메시지를 던지고 있었다. 과거에는 PC를 이용하는 순간이 되어야 이런 타겟팅과 마케팅이 가능했지만, 스마트폰과 PC 또는 Tablet 간의 크로스 디바이스를 지원하게 되면서 기기와 시간, 장소의 제약 없이 완전한 실시간 마케팅이 가능해진 것이다.

### 둘째, 광고 노출 최적화

우리가 광고를 할 때는 광고를 보는 사람들에게 기대하는 행동, 광고의 목적이 있다. 예를 들면 광고 클릭을 통해 사용자를 사이트로 유입하는 것, 유입된 고객을 구매로 전환하는 것, 동영상 콘텐츠를 75% 이상 시청하게 하는 것 등이다. 페이스북은 픽셀이 추적한 사용자들의 이용 패턴을 분석해, 광고 목적에 더욱 잘 부합할 것 같은 사용자를 타겟팅한다.

### 셋째, 리타겟팅 및 리마케팅

특정 브랜드 사이트를 방문 했거나 해당 브랜드가 발행한 콘텐츠에 반응한 고객은 브랜드와 서비스에 대한 인지 및 관심이 상대적으로 높은 고객으로 분류할 수 있다. 따라서 이 고객들을 타겟팅 해 지속적으로 서비스의 필요성을 소구할 경우 목표로 하는 전환으로 이어질 확률이 높다. 페이스북 픽셀은 사이트 방문자에 대한 단순 정보를 넘어, 특정 제품에 대해 관심을 갖고 있거나, 장바구니에 상품을 담거나, 최근 상품을 구매한 사람들을 분류하고 타겟팅 할 수 있게 해준다.

### 넷째, 유사타겟

기업은 자사의 제품과 서비스를 이용하거나 구매할 확률이 높은 잠재고객을 찾길 원한다. 페이스북 픽셀을 활용하면 자사의 서비스를 이용 및 구매 했던 고객, 자사의 App을 설치한 사용자, 페이스북 페이지 구독자 등의 데이터를 기반으로 이와 유사한 잠재고객을 선별할 수 있다. 때문에 유사타겟 기능을 활용해 타겟팅 된 사용자들은 범용적으로 타겟팅 된 사용자 그룹보다 높은 광고 성과를 가능하게 한다.

### 다섯째, 다이내믹 프로덕트 광고

특정 제품을 구매하거나 관심을 보인 사람들에게 자동으로 관련성 높은 광고 소재를 노출시키는 방식이다. 사이트 방문자에게 무작위로 광고를 노출시키는 것보다, 정확한 니즈에 기반해 연계구매나 대체재, 보완재 등의 구매를 유도해 객단가를 높일 수 있는 방법이다. 예를 들어 특정 원피스에 관심을 보인 고객을 타겟팅해 비슷한 가격대의 다른 원피스나, 해당 원피스를 구매한 사람들이 관심을 가진 다른 원피스를 노출 시키는 것, 해당 원피스와 어울리는 신발과 가방을 추천해 주는 것과 같은 방식이다.

### 여섯째, 타겟 인사이트

마지막은 최적화이다. 앞서 말한 것처럼 디지털 마케팅 또는 퍼포먼스 마케팅의 핵심은 분석을 통한 개선과 지속적인 테스트이다. 이것이 가능하도록 페이스북 픽셀이 다양한 데이터를 제공하는 것이다. 다만 페이스북에서 분석을 해주는 것은 아니기에 담당자가 데이터를 통해 인사이트를 발견할 수 있는 경험과 시야를 갖출 필요가 있다.

# ✎ 아빠도 켜고 끌 수 있는 광고 구조 이해하기 ✎

처음보는 낯선 용어와 개념으로 인해 어렵게 느껴질 수 있지만 사실 별다를 것은 없다. 페이스북의 광고 구조는 아래 보이는 것처럼 피라미드 형태로 표현되곤 하는데, 하위에 위치한 조건이 상위 조건값에 종속되는 구조라고 이해하면 충분하다. 더군다나 거의 대부분의 온라인 광고 구조는 동일한 형태를 보이기 때문에, 페이스북 광고 구조에 대한 이해만 있다면 네이버 검색광고나 구글광고(GDN)에 대한 이해가 훨씬 수월하다.

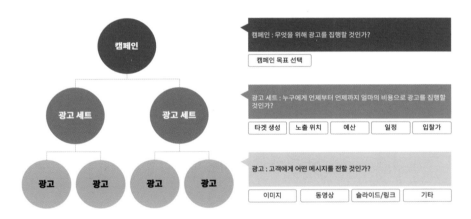

우리가 광고를 설정할 때는 캠페인 〉 광고세트 〉 광고의 순서로 위에서부터 아래로 내려오며 하나씩 조건을 설정하는 형태이다. 설정을 위해 별다른 노력이 필요한 것은 아니며, 그저 페이스북이 물어보는 질문에 답변을 한다는 형태로 이해하면 좋다. 또한 피라미드 형태의 상하 구조로 되어 있기 때문에 하나의 캠페인 아래 여러 개의 광고 세트를, 하나의 광고 세트 아래 여러 개의 광고를 설정할 수 있다. 그렇다면 이제부터 실질적인 이해를 돕기 위해 각 광고 구조의 역할과 기능을 알아보자.

### 캠페인

제일 먼저 페이스북이 당신에게 물어보는 질문은 다음과 같다.

## "당신이 광고를 하고자 하는 목적이 무엇입니까?"

주관식이 아니라 객관식이기에 당황할 필요는 없다. 페이스북에서 제공하는 몇 가지의 선택지 중 당신이 광고를 하고자 하는 목적과 가장 가까운 답을 선택하면 된다. 이러한 질문의 의도는 페이스북이 갖고 있는 데이터와 알고리즘을 기반으로 당신의 광고를 최적화 시키기 위함이다.

### 광고 세트

캠페인에서 당신의 광고 목적을 페이스북에 전달했다면, 다음과 같은 질문이 이어진다.

## "누구에게 언제부터 언제까지, 얼마의 비용으로, 어느 위치에 광고를 할 것입니까?"

소위 말하는 광고의 운영전략을 설정하는 부분이겠다. 광고를 보여주고자 하는 타겟과 일정을 설정하고, 당신의 예산과 함께 기타 세부적인 광고 설정 방법에 대해 물어보는 영역이다. 우리가 마케팅 목적에 따라 광고를 전략적으로 운영하기 위해 가장 세심하게 살펴보아야 할 부분이다.

**광고 크리에이티브**

광고 집행을 위한 페이스북의 마지막 질문이다,

## "사람들에게 어떤 광고를 보여줄 것입니까?"

직접적으로 사람들에게 보여주는 광고 소재를 설정하는 영역이다. 이 부분에서는 우리가 전달하고자 하는 메시지를 정확하게 표현할 수 있는 기획적인 부분과 함께, 사람들의 시선과 관심을 사로잡는 창의적인 역량이 함께 필요한 영역이다.

# ✏ 광고 구조를 활용한 광고 셋팅 전략 알아보기 ✏

### 페이스북 광고 구조, 어떻게 활용해야 할까?

아무래도 단순 설명보다는 예시를 통한 설명이 이해가 쉬울 것이다. 우리가 범용적으로 이해하기 쉬운 쇼핑몰의 예를 들어보자. 이 쇼핑몰은 남성복과 여성복을 모두 판매하는 쇼핑몰로 남성복 셔츠와 팬츠, 여성복 원피스와 코트 판매를 위한 광고를 집행한다고 가정해 본다. 이에 따라 페이스북 광고 설정 절차를 밟아보면 아래와 같다.

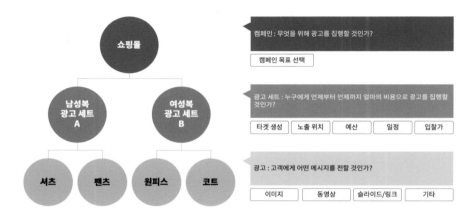

### 캠페인 : 당신이 광고를 하고자 하는 목적이 무엇입니까?

제품을 직접적으로 판매하고자 하는 것이 목적이기 때문에, 1차적으로 광고를 클릭해서 사이트로 유입시키는 것을 목표로 삼거나, 유입 이후 제품 구매까지 전환되는 것을 광고의 목적으로 선택한다. 이후 광고 목적에 따른 최적화는 페이스북이 알아서 해 줄 것이기 때문에 신경쓸 필요가 없다.

**광고 세트 : 누구에게 언제부터 언제까지, 얼마의 비용으로, 어느 위치에 광고를 집행할 것입니까?**

광고 세트를 설정하는 영역에서의 첫 질문은 '누구에게'라는 것이다. 우리는 남성복과 여성복 모두를 판매하는 쇼핑몰이지만 두 카테고리의 제품을 소비하는 소비자 사이에는 큰 차이가 있다는 점을 먼저 떠올려야 한다. 바로 성별! 남성복을 판매하고자 하면서 여성에게 광고를 한다면 그것이 무슨 의미가 있겠는가?!

따라서 우리는 광고 세트를 구분할 필요가 있다. 남성을 타겟으로 설정하는 [광고 세트A]와 여성을 타겟으로 설정하는 [광고 세트B]로 2개의 광고 세트를 설정한다.

이어 광고를 집행하고자 하는 일정과 그에 맞는 예산 등을 각각 설정한다.

**광고 크리에이티브 : 사람들에게 어떤 광고를 보여줄 것입니까?**

우리가 판매하는 남성복 제품은 셔츠와 팬츠가 있고, 이 두 제품 모두에 광고를 집행할 예정이다. 먼저 남성을 타겟으로 하는 [광고 세트A] 아래 광고를 2개 생성하고 하나에는 셔츠 이미지와 문구가 들어간 광고를, 나머지 하나에는 팬츠 이미지와 문구가 들어간 광고를 생성하면 된다.

여성복인 원피스와 코트 역시 동일한 방법을 통해 [광고 세트B] 아래 2개 생성하고 각각의 광고를 설정하면 된다. 이어지는 내용에서는 광고 구조를 목적에 맞게 활용하는 보다 세부적인 방법에 대해서 알아보자.

### 핵심은 광고 세트에 있다.

지금까지 페이스북 광고의 구조를 설명하며 1개의 캠페인 아래 다수의 광고 세트를, 1개의 광고 세트 아래 다수의 광고를 설정할 수 있다고 했다. 그렇다면 이 광고 구조를 어떻게 활용해야 광고의 성과를 높일 수 있을까?

운영하는 비즈니스의 목적과 광고의 목적 및 프로모션의 특징에 따라 방법은 천차만별이 될 수 있겠지만, 기본적으로 1개의 광고 세트 아래 1개의 광고를 설정하는 방식을 추천한다. 이렇게 설정하는 이유는 광고 구조의 특성 외에도 두 가지의 이유가 있는데, 바로 예산과 테스트가 그것이다.

### 첫째, 예산에 따른 페이스북 광고 설정

계속해서 쇼핑몰을 예로 들어 페이스북 광고 설정 상황을 시뮬레이션 해보자.

우리는 여성의류 쇼핑몰을 운영하고 있으며 원피스와 블라우스 상품을 판매하기 위해 광고를 집행할 것이다. 이 때 원피스의 가격은 50,000원이고 블라우스의 가격은 30,000원이다. 하루 평균 원피스는 20벌이 판매되고 블라우스는 10벌이 판매된다. 매출 기준으로 본다면 원피스는 1,000,000원 블라우스는 300,000원이 될 것이다.

두 제품이 매출에 기여하는 정도가 다르기 때문에 우리는 각 제품마다 마케팅 예산을 다르게 책정해야 한다. 당연히 매출 기여도가 높은 상품에 더 많은 예산을 책정하게 될 것이다. 일반적으로 마케팅 예산의 경우 매출의 10~15% 정도를 책정하기에 원피스는 100,000원을 책정하고 블라우스는 30,000원의 예산을 책정한다.

원피스
- 가격 : 50,000원
- 일 평균 판매량 : 20개
- 일 평균 매출 : 1,000,000원
- 적정 마케팅 예산 100,000원

블라우스
- 가격 : 30,000원
- 일 평균 판매량 : 10개
- 일 평균 매출 : 300,000원
- 적정 마케팅 예산 30,000원

이제 광고세트에서 우리의 잠재고객인 여성을 타겟팅하고 원피스와 블라우스의 마케팅 예산을 합한 130,000원을 입력한 다음, 그 아래 원피스와 블라우스의 판매를 촉진하는 광고를 설정한다.

언뜻 보기에 아무런 문제가 없는 상황으로 보일 수 있지만, 아주 큰 실수가 숨어있다. 바로 두 상품의 예산이 한 곳에 묶여있다는 점이다. 블라우스 광고의 반응이 더 좋아 130,000원이라는 예산의 대부분의 블라우스 광고 소재로 사용이 된다면 어떤 상황이 벌어질까? 결과적으로 원피스가 10벌이 판매되고 블라우스가 20벌이 판매되는 상황이 발생한다면, 산술적으로 20만원의 손해가 발생하게 되는 것이다.

따라서 매출 기여도를 고려해 각 상품에 책정된 마케팅 예산을 균등하게 사용하기 위해서는 1개의 광고 세트에 1개의 광고를 설정하는 방식이 적합하다.

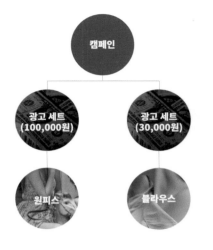

원피스
* 가격 : 50,000원
* 일 평균 판매량 : 20개
* 일 평균 매출 : 1,000,000원
* 적정 마케팅 예산 100,000원

블라우스
* 가격 : 30,000원
* 일 평균 판매량 : 10개
* 일 평균 매출 : 300,000원
* 적정 마케팅 예산 30,000원

### 둘째, 테스트 목적에 따른 페이스북 광고 설정

이번에는 남성 셔츠를 판매하기 위해 광고를 설정한다고 가정해 보자.

지속적인 광고 성과의 개선을 위해 테스트를 진행할 계획인데, 테스트의 목적은 광고 소재의 따른 클릭률의 차이를 확인하는 것이다. 따라서 하나의 광고 소재는 셔츠의 이미지만을 보여주는 제품샷을, 다른 하나는 모델이 셔츠를 착용하고 있는 이미지의 착용샷을 설정한다.

테스트는 본래 동일한 집단에 동일한 기간, 동일한 예산 및 설정으로 진행되어야 하기에 하나의 광고 세트 아래 위 두개의 광고 소재를 설정한다. 테스트 예산은 각 소재에 50,000원을 할당해 광고 세트에 총 100,000원을 책정하고, 일주일의 기간 동안 진행하기로 한다.

셔츠 제품 이미지
- 타겟 : 남성 잠재고객
- 일정 : 일주일
- 예산 : 50,000원

셔츠 착용 이미지
- 타겟 : 남성 잠재고객
- 일정 : 일주일
- 예산 : 50,000원

이번에도 언뜻 보기에는 큰 문제가 없는 듯이 보이지만, 역시 함정이 숨어 있다. 우선 페이스북은 한 개의 광고세트 아래 설정된 여러개의 광고 중 성과가 좋은 광고로 최적화 작업을 진행한다. 그렇게 되면 우리가 설정한 일주일의 테스트 기간 중 1-2일에 해당하는 데이터를 근거로 남은 기간 동안 한 쪽 광고로의 최적화 작업이 진행되며, 성과 역시 이에 편향되게 될 것이다. 결국 우리는 테스트를 통해 유의미한 결과를 얻을 수 없게 되는 것이다.

셔츠 제품 이미지
- 타겟 : 남성 잠재고객
- 일정 : 일주일
- 예산 : 50,000원

셔츠 착용 이미지
- 타겟 : 남성 잠재고객
- 일정 : 일주일
- 예산 : 50,000원

마찬가지로 정확한 테스트를 통해 유의미한 결과를 얻고자 한다면 1개의 광고세트에 1개의 광고를 각각 설정해 동일한 조건 아래서 진행하는 것이 바람직하다.

# 소개팅도 사진부터, 페이스북 광고 관리자 미리보기

　본인 역시 그러했고, 강의를 진행하다 보면 수강생 분들이 당혹감과 두려움을 느끼는 포인트가 있다. 바로 페이스북 광고 관리자 화면을 처음 접했을 때이다. 조금만 익숙해지면 너무나 쉽고 간편한 부분이지만, 생전 처음보는 이에게는 너무나도 어렵고 낯설게 느껴지는 것이 사실이다. 때문에 본격적인 페이스북 광고 설정 실습에 들어가기 전, 보다 빠른 이해와 습득, 그리고 친숙함을 갖기 위해 예습을 해 보고자 한다. 전반적인 페이스북 광고의 구조와 User Interface, 기능 및 절차 등에 대해 훑어보는 과정이다. 세부적인 기능과 실습은 뒷 부분에서 더욱 자세히 다루기 때문에, 존재하는 기능과 요소들에 대한 간단한 숙지와 원리 정도만 이해하고 넘어가면 되겠다.

### 캠페인, 당신이 광고를 하고자 하는 목적은 무엇입니까?

　앞에서 설명한 페이스북 광고 구조에 대해 이해했다면, 직접 실습에 들어가기 전 미리 광고 관리자 화면을 살펴보자. 가장 먼저 우리가 마주하게 되는 것은 광고의 목적을 설정하는 캠페인 영역이다. 앞서 설명한 것과 마찬가지로 페이스북에서 제시하는 여러가지 광고 캠페인 중 광고 목적에 부합하는 항목을 선택하게 되면, 해당 목적에 맞춰 페이스북의 광고 알고리즘이 최적화를 진행하게 된다.

　캠페인에서 제시하는 광고 목적은 크게 어려운 용어 없이 보이는 그대로 이해하면 된다. 다만 인지도 / 관심 유도 / 전환의 3가지 카테고리로 구분되어 있는 이

유는 주목할 필요가 있다. 우선 오른쪽의 전환 카테고리로 갈 수록 알고리즘이 관여하는 정도가 증가하게 된다고 이해하면 된다. 이에 따라 전환 보다는 관심 유도가, 관심 유도 보다는 인지도 카테고리로 갈 수록 상대적으로 불특정 다수에게 광고가 노출되는 원리라고 이해하면 되겠다.

아래 각 캠페인 항목에 대한 세부적인 설명이 기재되어 있으니, 보다 정확한 이해를 위해서 참고하면 된다.

| 광고 목표 | 목표 종류 | 세부 내용 |
|---|---|---|
| 인지도 | 브랜드 인지도 | 광고주가 브랜드에 관심을 보일 가능성이 높은 사람들에게 광고를 노출하는 광고 목표입니다. |
| | 도달 | 도달 목표를 사용하면 광고를 최대한 많은 사용자에게 노출하고, 사용자가 광고를 보는 빈도를 제어할 수 있습니다. |
| 관심 유도 | 트래픽 | 페이스북 피드에서 외부 랜딩 페이지로 사용자의 방문을 유도하는 광고 목표입니다. |
| | 참여 | 게시물 참여, 페이지 좋아요, 쿠폰 발급, 이벤트 응답 등의 사용자 참여를 유도하는 광고 목표입니다. |
| | 앱 설치 | 앱스토어 또는 구글 플레이스토어로 이동해 앱을 설치하도록 유도하는 광고 목표입니다. |
| | 동영상 조회 | 동영상 소재의 조회수를 늘리고, 효과적인 브랜딩을 하는 광고 목표입니다. |
| | 잠재 고객 확보 | 페이스북에 등록된 정보를 바탕으로 사용자 DB를 수집하는데 효과적인 광고 상품입니다. |
| 전환 | 전환 | 회원 가입이나 제품 구매와 같이 원하는 웹 사이트 상의 전환을 확보하는 광고 목표입니다. |
| | 제품 카탈로그 판매 | 특정 상품을 조회한 타겟에게 연관된 상품을 노출하는 리타겟팅 광고입니다. |
| | 매장 방문 | 매장 주변 지역을 대상으로 매장 방문과 전화 연결 등의 행동을 유도합니다. |

### 광고 세트, 누구에게, 언제부터 언제까지, 얼마의 비용으로, 어디에 광고를?

다음 살펴볼 부분은 페이스북 광고 운영 전략의 핵심이라고 할 수 있는 광고 세트 영역이다. 여기서 가장 먼저 설정하게 되는 영역은 광고가 노출되고자 하는 타겟에 대한 부분이다. 기본적으로 위치, 연령, 성별, 언어, 관심사 및 행동 등을 통해 핵심 타겟을 만들고, 이를 저장할 수 있다. 또한 기존에 설정해 둔 맞춤 타겟이나 유사 타겟을 불러올 수 있는 영역이기도 하다.

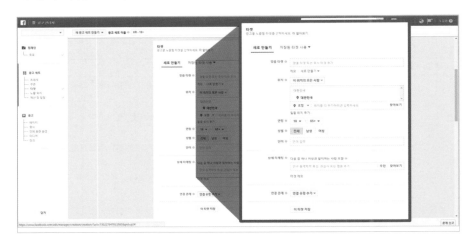

여기서 유의할 점은 위치, 연령, 성별, 언어, 관심사 및 행동 등의 항목을 입력하면 할 수록 우리가 타겟팅하게 되는 잠재고객은 각 항목의 교집합이라는 점이다. 아래 타겟팅 예시를 통해 어떤 잠재고객이 타겟팅 되는지 그 원리를 살펴보자.

- **위치** : 서울, 부산, 울산, 포항
- **연령** : 25-37
- **성별** : 여성
- **언어** : 한국어, 일본어

만약 위와 같은 예시로 타겟팅을 진행했다면 서울, 부산, 울산 또는 포항에 거주하는 25-37세의 한국어 또는 일본어를 사용하는 여성 고객을 타겟팅 한 것이 된다. 이 때 각 항목은 서로 간의 교집합이 되지만 위치나 언어 항목에서 보이는 것처럼, 한 가지 항목 안에서 여러개의 요소를 삽입할 때는 합집합이 된다는 점을 알아둬야 한다.

### 페이스북 타겟팅은 디테일 할수록 좋다?!

페이스북에서 잠재고객을 타겟팅 하기 위해 입력하는 정보들이 추가될수록 타겟팅은 더욱 정교하고 정확해질 것이다. 하지만 이렇게 정교한 타겟팅이 무조건 좋은 것이라고 말할 수 있을까? 우리는 정확한 타겟팅 이전에 마케팅에서 트래픽을 유입하고 전환시키기 위해 필요한 적정 모수에 대한 산출이 필요하다. 정교한 타겟팅은 분명 우리의 잠재고객을 정확히 겨냥해 메시지를 전달하게 하지만, 그만큼 광고에 노출되는 수는 줄어들기 때문이다.

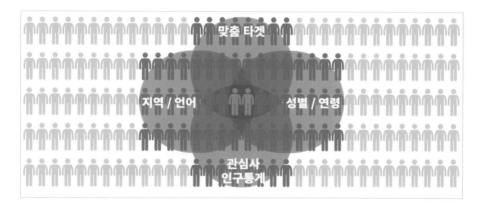

## 적정 잠재고객(타겟팅)의 모수는 어떻게 산출하는가?

이해를 돕기 위해 한 가지 사례를 기반으로 접근해보자. 조금 극단적이기는 하지만, 한 쇼핑몰의 운영 구조가 아래와 같다고 가정한다. 이 쇼핑몰은 하루 평균 10,000명에게 광고를 노출하고 있고, 해당 광고의 평균 클릭률은 10%이며 이를 통해 유입되는 수는 약 1,000명이다. 또한 유입된 1,000명 중 매출로 전환되는 비율은 10%로 하루 평균 100건의 구매가 이루어지며, 이 때 1인당 평균 객단가는 30,000원이기 때문에 일 평균 매출은 약 3,000,000원이라는 계산이 나온다. 마지막으로 이 쇼핑몰의 일 평균 광고 비용은 매출의 10%인 300,000원으로 책정되어 있다.

사실 이러한 상황에서 매출을 증대하기 위해 취해야 할 첫 번째 액션은 랜딩 페이지에서의 설득력 강화나 사용자 편의를 위한 UX/UI의 개선, 결제 및 회원가입 절차 등의 간편화를 통해 매출 전환율을 끌어올리는 것이다. 나아가 광고 크리에이티브의 최적화를 통해 클릭률을 증대하고, 타겟팅의 변화 및 테스트를 통해 광고 노출 범위를 늘려가는 방법이 된다. 이러한 작업이 선행된다면 추가적인 마케팅 비용의 지출 없이도 매출이 증가하는 효과를 볼 수 있기 때문이다.

하지만 이와 같은 모든 작업이 선행된 후 더 이상 각 전환율을 끌어올리는 것에 한계까지 왔다면? 이제는 광고비의 증대를 모색해 볼 차례다.

현재 해당 쇼핑몰의 일 평균 매출은 3,000,000원이고 이 때 광고비로 300,000원을 지출하는 상황에서 10,000명에게 노출되는 구조이다. 따라서 우선적으로 목표 매출을 선정하게 되면, 이에 따라 자연스럽게 광고를 노출해야 하는 적정 모수가 산출되게 된다. 예를 들어 목표 매출을 현재의 3배로 책정하게 된다면, 매출 전환율이나 광고 클릭률을 더 이상 개선시키기 어렵기 때문에 광고비를 3배 증액하여 기존보다 3배 많은 잠재고객에게 광고를 노출 시키면 되는 것이다.

사실 광고비를 3배 증액한다고 해서 정확히 3배 많은 수의 잠재고객에게 광고가 노출되는 것은 아니다. 광고가 노출되는 원리에는 단순 타겟팅과 광고 예산 뿐만 아니라 입찰, 경쟁, 광고 품질 등 다양한 변수가 작용하기 때문이다. 따라서 완벽한 해결책은 아니라 할지라도 이와 같은 방법론으로 접근해 데이터를 지속적으로 주시하면서 최적화를 진행하는 작업이 필요하다.

### 광고를 어디에서 보여줄 것인가?

흔히 페이스북 광고를 뉴스피드에서만 보여지는 것으로 생각하는 경우가 있는데 그렇지는 않다. 기사 지면이나 추천 동영상 같이 페이스북 내에서도 다양한 영역에 광고를 게재할 수 있으며, 페이스북과 제휴된 써드파티 앱이나 웹사이트 등에도 광고를 노출시킬 수 있다. 뿐만 아니라 페이스북이 인스타그램을 인수한 이후로 페이스북 광고 관리자를 통해 인스타그램에도 광고를 집행할 수 있게 됐다.

❶ PC 뉴스피드
❷ 오른쪽 칼럼
❸ 모바일 뉴스피드
❹ 인스타그램 뉴스 피드
❺ 오디언스 네트워크
❻ 인스타그램 스토리즈
❼ 인스턴트 아티클/동영상

우리가 페이스북 광고 세트에서 노출 영역을 설정하는 것은 이처럼 광고가 노출되는 지면을 선택하게 되는 것이다. 가장 먼저 보이는 것은 자동 노출 위치와 노출 위치 수정이라는 항목이다. 여기서 자동 노출을 선택하게 되면 페이스북이 광고를 노출할 수 있는 모든 위치에 광고를 게재하고 이 중 성과가 좋은 위치로 자동 최적화를 진행하는 방식이다. 반면 노출 위치 수정을 선택하게 되면 직접 노출을 원하는 영역에만 광고 게재가 가능해진다.

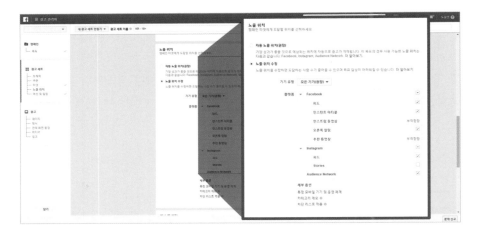

이 밖에도 아래 보이는 세부적인 옵션을 선택하게 되면 특정 기기의 종류나 소프트웨어의 업그레이드 버전까지 타겟팅 할 수 있게 된다. 게임이나 앱 마케팅의 경우 애플의 앱스토어나 iOS의 제약 사항 때문에 안드로이드를 먼저 출시하고 테스트를 거친 후 앱스토어에 순차적으로 출시하는 경우가 많은데, 이럴 경우 기기 타겟팅 또는 소프트웨어 타겟팅을 적극적으로 활용하는 것이 좋다.

## 얼마의 비용을 사용해 광고를 집행할 것인가?

다음 영역에서는 광고에 지출할 비용을 설정한다. 일 예산(하루 기준)과 총 예산(특정 기간 기준)을 기준으로 광고비를 설정할 수 있는데, 총 예산 설정으로 진행할 경우 원하는 시간과 요일을 직접 선택해서 광고를 진행하는 것도 가능하다.

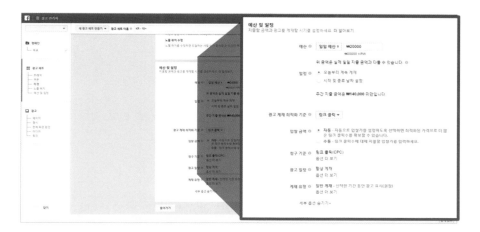

### • 일 예산

하루 동안 사용할 광고 비용의 상한선을 정하고 특정기간 동안 광고를 집행하는 방식. 총 광고 일정에 따른 총 광고 비용이 예상 가능하며 매일 균등하게 광고를 집행할 수 있다. 반면 특정 요일과 시간을 타겟팅해 마케팅을 집중하기에는 무리가 있다.

### • 총 예산

광고를 집행하고자 하는 특정 기간 동안 사용할 총 광고 비용을 책정하고 진행하는 방식. 광고 비용이 책정한 광고 기간을 채우기 전에 모두 소진될 수 있다. 따라서 총 광고 비용은 예상 가능하지만 광고의 집행기간은 예측 불가능 하다는 단점이 있으며, 대신 시간과 요일을 직접 타겟팅 할 수 있다는 장점이 있다.

그 밖에 광고 게재 최적화 기준, 입찰 금액, 청구 기준, 광고 일정, 게재 유형 등을 추가적으로 설정할 수 있는데 각 항목에 대한 설명은 다음과 같다.

- **광고 게재 최적화 기준**

페이스북에서 광고를 자동으로 최적화 할 때 원하는 기준을 설정한다.

- **입찰 금액**

자동으로 설정 시 페이스북에서 타겟과 예산 및 광고 품질 등을 고려해 균등하게 광고를 내보내기 위한 적정가를 알아서 산출한다. 수동 입찰은 광고 클릭당 지불할 의사가 있는 금액을 설정하는 것이다

- **광고 일정**

광고 비용 설정에서 일 예산이 아닌 총 예산을 선택할 경우 활성화 되며, 광고가 노출되기 원하는 시간과 요일을 직접 설정할 수 있다.

- **게재 유형**

일반 게재와 빠른 게재로 구분된다. 일반 게재는 광고가 라이브 된 순간부터 광고비용이 소진될 때 까지 균등하게 광고가 노출되는 형식이고, 빠른 게재는 광고라 라이브 된 순간부터 광고비용이 모두 소진될 때까지 최대한 많고 빠르게 광고를 노출시키는 방식이다.

## 광고 크리에이티브, 잠재고객에게 어떤 광고를 보여줄 것인가?

광고 크리에이티브 영역에서는 잠재고객에게 보여지는 광고의 소재를 설정한다. 가장 먼저 광고를 내보내는 주체로서, 운영 중인 페이스북 페이지 및 인스타그램 계정을 선택한다. 만약 운영 중인 페이스북 페이지나 인스타그램 계정이 없다면 광고는 집행되지 않는다. 다음으로는 우리가 페이스북에서 흔히 접할 수 있는 여러가지 유형 중 원하는 방식의 광고 형태를 선택한다.

형태는 여러가지가 있지만 광고를 등록하는 원리는 모두 동일하다. 적정 이미지 또는 동영상을 선택해 업로드 하고 화면 우측에 제공되는 미리보기 화면을 통해 비교해가면서 세부적인 항목들을 직접 등록 및 수정해가면 된다.

지금까지 대략적인 페이스북 광고를 설정하는 방법에 대해 알아보았다. 다음 내용에서는 페이스북 광고를 설정함에 있어 세부적인 내용을 하나씩 살펴보며, 직접 운영할 때 광고를 최적화 하는 방법에 대해 함께 살펴보고자 한다.

## PART 04

# 나만 알고 싶은 페이스북 광고 실습 및 운영 전략

# 페이스북 페이지 및 광고계정 설정하기

### 클릭만 하면 완성되는 페이스북 페이지

페이스북은 광고를 집행하기 위해서 기본적으로 페이스북 페이지를 요구한다. 또한 이 페이스북 페이지를 만들기 위해서는 당연히 페이스북 개인 계정이 필수로 요구된다. 이 책을 읽는 모든 독자들은 페이스북이라는 매체에 대한 관심이 매우 높다고 가정하고 있기에 개인 계정을 생성하는 방법은 생략하고자 한다. 더불어 페이스북 페이지와 광고 계정을 설정하는 부분 역시 매우 간략하게 짚고 넘어가고자 한다.

먼저 페이스북 페이지를 개설해보자. 페이스북 개인 계정으로 로그인 한 후 상단 우측 만들기 버튼을 클릭하면 아래와 같이 여러 항목이 나타나는데 이 중 페이지를 클릭해 진행하면 된다.

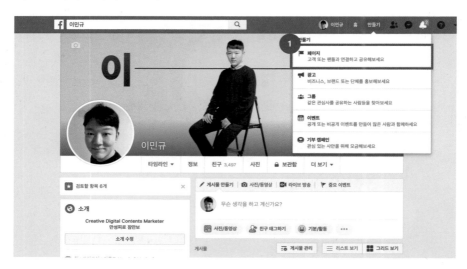

해당 버튼을 클릭 후 친절하게 안내되는 화면에 따라 간단한 정보를 입력하게 되면 금새 페이스북 페이지가 만들어진다.

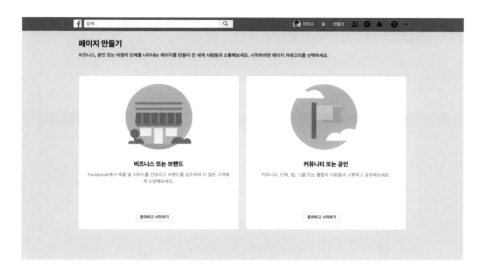

참고로 페이스북 페이지는 추가 생성과 삭제가 매우 자유롭기 때문에 처음부터 생성에 너무 많은 고민은 필요 없으며, 연습을 위해 여러개의 계정을 생성해서 집행해 보는 것도 좋다.

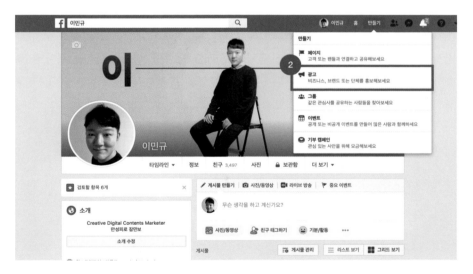

이어서 동일한 방법으로 페이스북 광고 계정 및 광고 관리자 화면으로 들어가보자. 동일하게 우측 상단 만들기 버튼을 클릭한 뒤 광고를 클릭한다. 그렇다면 우리가 페이스북 광고 미리보기에서 확인했던 익숙한 화면이 등장할 것이다. 바로 페이스북 광고 구조의 가장 상위인 캠페인을 설정하는 단계의 화면이다.

# 캠페인 : 광고 목표 설정하기

**선택만 하자! 목표에 따른 광고 최적화는 페이스북이 한다.**

이 화면에서 우리의 광고 목표를 설정하게 되는데, 실습에서는 가장 대표적이면서 널리 활용되는 '트래픽'을 선택해 실습을 진행한다. 각 캠페인 마다 어떤 것을 선택하느냐에 따라 뒤에 이어지는 광고세트, 광고 영역에서 설정할 수 있는 옵션의 차이가 존재한다. 하지만 트래픽이라는 캠페인 목표가 가장 대표적인 항목인 만큼 해당 내용만 충분히 인지할 수 있다면 나머지 캠페인 목표들을 진행하는데에 있어서도 전혀 어려움이 없다.

해당 캠페인 목표를 선택하게 되면 바로 아래 위와 같이 캠페인의 이름을 설정할 수 있는 항목이 나타난다. 캠페인 이름을 정하는 것에 있어서 특별한 규칙은 없으며, 광고를 직접 관리하는 사람이 보기 편한대로 정하면 된다. 또한 캠페인 이름을 포함해 광고세트 및 광고 크리에이티브의 이름을 입력하는 항목은 추후에도 얼마든지 수정이 가능하기 때문에 큰 고민 없이 넘어가도 좋다.

캠페인 목표에서 트래픽 외에 가장 적극적으로 활용해야 할 캠페인 중 하나가 바로 '전환' 캠페인이다. 이 항목을 사용할 경우 우리가 목표로 설정한 전환을 많이 할 것 같은 사용자를 대상으로 광고가 진행되게 된다. 하지만 이 캠페인 항목을 진행하기 위해서는 사전에 설정해야 할 몇 가지 작업들이 존재한다. 책의 뒷부분에서 페이스북 픽셀을 더욱 잘 활용하기 위한 방안과 함께 이 전환 캠페인 목표를 사용하는 방법 또한 함께 알아보도록 한다.

# ✏ 광고 세트 (1) : 광고의 타겟 설정 실습 및 운영 전략 ✏

## 있으면 좋고, 없어도 괜찮은 광고 세트의 기능들

캠페인 목표를 설정 했다면 다음으로 넘어가 광고 세트에서 광고를 집행하고자 하는 타겟과 광고 예산, 그리고 광고 집행 일정 등을 설정해보자.

마찬가지로 가장 먼저 광고 세트의 이름을 입력하는 항목이 나타난다. 앞서 설명했듯이 추후 수정이 가능하기 때문에 큰 고민 없이 넘어가도록 한다. 이어서 2, 3, 4번 항목이 나오게 되는데 사실 이 부분은 전체적인 광고를 집행하는데 있어 그냥 넘어가더라도 큰 문제가 없는 영역이기도 하다. 하지만 궁금해 하시는 분들이 많을 것으로 생각되기 때문에 짧게 짚고 넘어가도록 하자.

2번 트래픽 항목을 보면 광고를 통해 사람들을 유입 시키고자 하는 종착역에 대한 질문으로 이해하면 되겠다. 대부분 웹사이트에서 광고를 집행한다고 하면 더 이상의 설정이 필요 없을 것이고, App 광고의 경우는 페이스북 개발자 사이트에 등록된 App의 주소를 입력하면 되겠다. 메신저와 WhatsApp은 페이스북 페이지 계정에 연동된 서비스로 자동 매칭 되는 구조이다.

3번 다이내믹 크리에이티브는 광고 크리에이티브의 최적화를 도와주는 도구이다. 우리는 보통 광고 소재 최적화를 진행할 때 이미지, 제목, 링크설명, 문구 등의 요소들에 변화를 주며 테스트를 진행한다. 이 때 한 번에 여러가지 요소들을 테스트하게 되면 성과가 달라졌을 때 어떠한 요소의 변화 때문에 생긴 성과의 변화인지를 알 수 없게 된다. 따라서 테스트를 진행할 때는 한 번에 한 개의 요소만 변화를 주며 테스트를 진행하는 것이 일반적이다. 다만 이러한 경우, 테스트의 비용과 시간이 매우 많이 소모된다는 단점이 존재한다. 다이내믹 크리에이티브는 이러한 부분을 개선할 수 있도록 도와주는 도구이다.

다이내믹 크리에이티브 항목을 활성화 시키게 되면, 이어지는 광고 크리에이티브 설정 부분에서 여러개의 이미지와 제목, 링크, 설명 문구 등을 입력할 수 있게 된다. 그러면 페이스북에서 각 항목의 여러가지 요소들을 조합해 광고를 진행하고, 그 결과 데이터에 따라 최적의 조합을 찾아가는 과정을 자동화 해 준다.

마지막 4번 항목은 쿠폰 형태의 광고를 집행할 수 있는 항목이다. 해당 항목을 활성화 시키면 아래와 같은 내용들을 추가로 입력하게 된다.

해당 항목들을 각각 세부적으로 입력한 뒤 온라인 쿠폰을 사용할 수 있는 url을 별도로 입력, 또는 쿠폰을 사용할 수 있는 별도의 프로모션 코드를 발급하면 되는 형식이다. 이는 단순 광고가 아닌 프로모션 형태의 광고를 집행할 때 매우 유용한 형태이며, 이미 특정 물품을 구매했거나 회원가입 후 첫 구매를 유도하기 위한 목적으로 사용할 때 매우 유용한 형태라고 보면 좋겠다.

### 타겟팅의 시작, 위치 타겟팅

이제 본격적인 광고 세트의 설정으로 넘어가 보자.

가장 먼저 설정하게 될 것은 타겟에 대한 설정이다. 앞서 타겟은 크게 3종류가 있다고 설명했다. 첫째는 페이스북에서 제공하는 기본적인 데이터(연령, 성별, 지역, 활동, 관심사 등) 기반의 핵심 타겟. 둘째는 우리가 보유한 데이터(웹사이트 트래픽, 고객DB, 페이스북 페이지 참여자 등)를 기반으로 타겟팅이 가능한 맞춤 타겟. 마지막으로 맞춤 타겟과 유사한 행동양식을 보이는 사용자를 타겟팅 해주는 유사 타겟이다.

위와 같이 보이는 항목들을 입력하면 타겟팅이 완성되는데, 맞춤 타겟과 유사 타겟 같은 경우는 미리 해당 타겟을 만들어 놓은 뒤 1번 항목에서 불러오는 방식으로 진행한다. 이 맞춤 타겟과 유사 타겟을 만드는 방법은 전반적인 광고 실습

프로세스를 모두 진행해 보고 난 뒤 해보기로 한다. 지금 만들어 볼 것은 핵심 타겟으로 2번 항목에 대한 입력을 통해 설정해 본다.

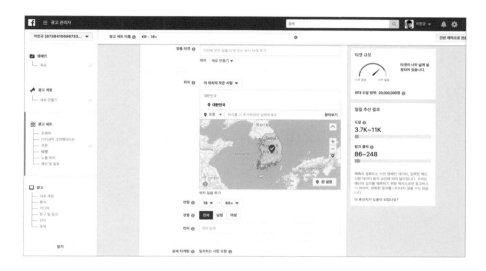

가장 먼저 입력하는 항목은 위치라는 항목인데, 빈 칸에 마우스를 클릭해 보면 위와 같이 지도가 표시된다. 페이스북 광고를 설정하는 거의 대부분의 항목은 자동완성으로 완성된다는 점에 유의해서 내가 타겟팅 하고자 하는 위치를 빈칸에 입력해 확인해 보도록 한다. 만약 해당 위치 타겟팅이 가능하다면, 아래 보이는 것과 같이 선택할 수 있는 항목이 나타난다. 해당 항목을 선택하면 바로 위치 타겟팅이 설정 되며 지도에서도 타겟 위치가 나타난다.

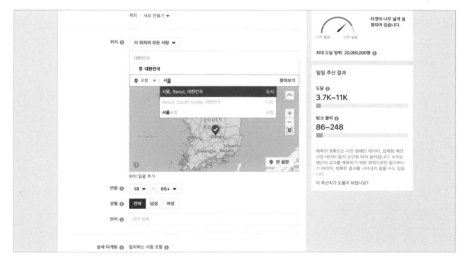

만약 우리의 브랜드가 오프라인 매장을 운영하고 있고 전국적으로 몇 개의 지점을 보유하고 있다면, 위치 타겟 부분에서 서울, 인천, 경주, 부산 등 여러개의 지점을 타겟팅 하는 것도 가능하다. 앞서 설명한 것처럼 한 항목에서 여러 개의 조건값들을 입력하면 그것은 합집합이 되는 것이고, 위치, 연령, 성별 등 각각 항목은 서로 교집합이 된다는 것을 기억하자.

더불어 선택한 지역명 우측에 숫자로 표기된 반경영역을 클릭해 보면, 지도상에 표기되는 위치 타겟의 반경을 조절할 수도 있다. 일반적으로 위치 타겟은 도시 단위로 타겟팅이 되며, 이 때 반경은 최소 17km에서 최대 40km까지 설정이 가능하다.

### 지역 비즈니스를 위한 위치 타겟팅

반면, 특정 지역에서 한정적인 비즈니스를 운영하는 광고주의 경우 이러한 위치 타겟팅 조차 매우 광범위하게 느껴질 수도 있다. 예를 들어 강남역에서 네일샵을 운영하는 광고주는 손님 층이 서울, 경기 각지에서 모여들기 때문에 큰 이슈가 없겠지만, 구리시 갈매동 혹은 김포시 풍무동과 같이 특정 지역에서 네일샵을 운영하는 광고주의 입장에서 서울, 경기 전역 타겟팅은 매우 광범위하게 느껴질 것이다. 하지만 페이스북의 위치 타겟팅 기능을 잘 활용한다면 이러한 경우에도 효율적인 광고 집행이 가능하다.

먼저 지도 우측 아래 핀 설정 버튼을 누르고 마우스 커서가 핀 모양으로 바뀌면
내가 운영하는 지역 거점에 정확하게 핀을 꽂아보자. 그렇게 되면 2번에서 보이는
것과 같이 위치 타겟팅의 항목이 도시가 아니라, 클릭한 위치의 좌표가 나타나게
된다.

이 때 마찬가지로 좌표 우측 숫자로 표기된 반경 영역을 클릭하게 되면 최소 1km에서 최대 80km까지 반경 영역을 설정할 수 있게 된다. 쉽게 말해 동네 주민을 대상으로 광고 집행이 가능한 것이다. 이러한 핀 설정은 한개가 아니라 여러개까지 설정이 가능하니 상황에 따라 적극 활용하는 것이 좋다.

### 연령, 성별, 언어 타겟팅의 원리

이어지는 타겟팅 설정 항목은 연령, 성별, 언어 타겟팅이다. 해당 항목들은 설정하기 이전에 타겟팅 원리에 대해 이해할 필요가 있다. 우선 페이스북에서 본인의 개인 계정을 한 번 살펴보도록 하자.

개인 계정에서 정보 탭을 눌러보면 페이스북에 입력한 나의 개인정보 항목들을 확인할 수 있다. 여기에서 입력한 생일 및 거주 지역, 사용 언어 등에 대한 데이터를 기반으로 페이스북이 연령, 성별, 언어, 지역 등의 타겟팅을 진행한다고 이해하면 되겠다. 하지만 이러한 정보는 개인의 입력 여부에 따라 정확성에 매우 큰 차이를 보인다.

이러한 점에 착안해 역으로 생각해보면 연령, 성별, 언어 타겟팅의 정확성에 의문이 생길 수 있다. 성별의 경우는 비즈니스 고객의 특성상 필수적으로 설정해야 하는 경우가 많지만, 연령과 언어 타겟팅의 설정은 자칫 타겟의 모수를 매우 좁히는 결과를 가져올 수 있다. 다시 말해, 연령과 언어 타겟팅을 설정할 경우 페이스북에서 개인 계정의 정보 항목을 세부적으로 입력한 사람에게만 타겟팅이 적용되기 때문에 그 만큼 유의미한 잠재고객을 잃을 수도 있다. 따라서 광고를 집행하며 광고의 성과가 떨어진다거나 매번 동일한 사용자들에게만 광고가 노출된다고 판단이 될 때는 연령, 성별, 언어 등의 타겟팅을 해제하고 진행해 볼 필요가 있다.

### 언어 타겟팅은 필요할까?

많은 사람들이 타겟 영역에서 각 항목을 굉장히 상세하게 채우는 걸 볼 수 있다. 타겟팅 항목을 상세하게 할 수록 더욱 정밀하고 정교한 타겟팅이 가능해진다고 믿기 때문일 것이다. 위치, 연령, 성별 등의 항목까지는 매우 유용한 타겟팅 항목이지만 언어와 관련해서는 잠시 생각해 볼 필요가 있다.

먼저 언어 타겟팅의 원리를 살펴보면 일차적으로 계정 생성에서 설정한 언어와 웹 브라우저 및 App의 구동 언어 등이 기준이 된다. 앞선 내용에서 타겟팅의 각 항목은 교집합이 된다고 한 것을 기억하는가? 만약 위치 타겟팅에서 대한민국 또는 서울 등의 특정 지역을 타겟팅하고, 추가적으로 언어를 한국어로 타겟팅했다면 해당 위치에서 해당 언어를 사용하는 잠재고객의 '교집합'이 타겟팅 되는 것이

다. 언뜻 듣기에는 별 문제가 없을 것처럼 보이지만, 사실 이러한 타겟팅의 중복은 잠재고객의 모수를 어떤 방식으로든 줄어들게 만든다. 사람들의 실제 계정을 살펴보면 사용하는 언어를 굳이 설정하지 않은 비율도 상당할 뿐더러, 외국어를 사용한다고 타겟에서 제외할 필요가 없는 경우도 있기 때문이다.

### 그렇다면, 언어 타겟팅은 불필요한가?

위와 같이 잠재고객의 모수를 줄일 수 있다는 점에서 언어 타겟팅은 불필요해 보일 수 있지만, 활용 방법에 따라 굉장히 크리티컬한 타겟팅 방법이 될 수도 있다. 한 사례를 통해 언어 타겟팅의 활용도를 극대화 할 수 있는 방법에 대해 알아보자.

### • 험난한 레드 오션에서의 고추장 사업

A씨는 경상도 특정 지역에서 대대로 물려온 고추장 사업을 이어 받았다. 지역에서는 나름 인지도가 있고 적절한 수준의 매출도 나오고 있다. A씨는 이 사업을 어떻게든 키워보고 싶은 욕심이 있지만 이미 국내 고추장 시장은 새롭게 비집고 들어갈 틈이 보이질 않는다. 순창, 풀무원, 태양초 등 쟁쟁한 대기업의 고추장 브랜드를 뚫고 성공할 만한 무언가를 찾기는 어려웠다.

### • 해외로 눈을 돌려 찾은 돌파구

A씨는 고추장 사업이 한국인에 특화된 비즈니스라는 점 때문에 해외라는 선택지를 고려해 보지 않았으나, 핸드폰 케이스를 해외로 판매해 성공을 거둔 친구의 소식을 듣고 본인도 시도해 보기로 결심한다.

A씨는 전문가의 도움을 얻어 해외에 거주 중인 한인 유학생들과 이민자들을 대상으로 페이스북 광고를 집행 했고 한국의 맛, 어머니의 맛이라는 컨셉을 통해 상당한 매출을 이끌어 냈다. 이미 해외 마케팅에 성공한 A씨에게 배송과 패키징 문제는 시간이 흐르면서 자연스레 해결되었다.

**• 효과적인 페이스북의 타겟팅 조합**

감이 빠르다면 위 사례를 통해 전달하고자 하는 포인트를 벌써 눈치 챘을 것이다. 바로 언어 타겟팅의 좋은 예시이기 때문이다. A씨가 목표로 한 잠재고객은 해외 거주 중인 한인 유학생 또는 이민자들이다. 따라서 먼저 위치 타겟팅을 통해 특정 국가 및 지역을 선택한 후 언어 타겟팅을 한국어로 설정해 주면 교집합이 됨에 따라 목표 잠재고객을 정확히 겨냥할 수 있다.

이처럼 페이스북 광고의 세부적인 기능을 모두 숙지한다면, 비즈니스의 특성이나 제품 및 서비스의 특징을 최대한 살려 효과를 볼 수 있는 기회를 발견할 수 있다.

### 페이스북의 타겟팅, 어디까지 가능할까?

페이스북에서는 위치, 연령, 성별, 언어 외에도 사용자들의 인구통계학적 특성, 관심사 또는 행동 등을 기준으로 타겟팅 할 수 있는 기능을 제공한다. 우선 이 3가지 항목이 어떠한 내용인지는 상세 타겟팅의 항목에서 입력칸 우측에 찾아보기 버튼을 눌러 살펴보면 감을 잡을 수 있다.

이 타겟팅 기능은 찾아보기를 눌러 페이스북에서 제공하는 항목을 선택함으로써 설정할 수 있고, 직접 검색어 입력을 통해 자동완성된 항목을 선택함으로써도 설정이 가능하다.

## 상세 타겟팅 : 인구통계학적 특성

상세 타겟팅 중 인구통계학적 특성 타겟팅은 학력, 재무, 이벤트, 부모, 정치, 결혼/연애 상태, 직장 등의 카테고리로 구성되어 있다. 각 항목을 세부적으로 클릭해 보면 대학 재학 기간을 설정할 수도 있고, 부모라면 자녀의 연령대를 설정할 수도 있다. 다만 몇 가지 항목에 관해서는 대한민국이 아닌 미국 기준의 타겟팅 기능이기 때문에 국내 상황에서는 적합하지 않을 수도 있다.

인구통계학적 특성에 따른 타겟팅 역시 1차적으로 사용자가 입력한 개인 프로필 항목에 근거해 타겟팅이 된다는 점에 유의하자. 때문에 해당 타겟팅 방법이 모두 효과적으로 작용한다고 보기에는 무리가 있지만, 결혼 상태와 같은 개인 정보는 매우 유의미한 타겟팅이 가능한 항목이기도 하고, 학력 수준 정도는 사용자들이 범용적으로 입력할 수 있는 항목이기 때문에 이에 기반한 타겟팅은 어느 정도 효력을 발휘하기도 한다. 따라서 인구통계학적 특성에 기반한 타겟팅은 개인 정보 입력 여부라는 불확실성에도 불구하고, 제품 및 서비스가 매우 확실한 타겟층을 갖고 있으며 이를 타겟팅에 적용할 수 있다고 판단될 경우만 사용하는 것이 좋겠다.

참고로 인구통계학적 특성 기반의 타겟팅은 과거 매우 유용한 타겟팅 방법으로 활용 되기도 했다. 몇 가지 매력적인 타겟팅 기능들 때문에 그러했는데, 현재는 해당 타겟팅 기능들이 없어지거나 많이 축소된 상황이다. 아래는 그러한 예시 중 일부의 내용이다.

- 과거에는 학력정보 기반의 타겟팅이 가능해 재학 중 또는 졸업한 대학교를 타겟팅 하는 것이 가능했으나, 현재는 일부 대학교만 가능하다.
- 검색 창에 특정 대학교를 입력했을 때, 관심사가 아닌 학력 정보 기준으로 항목이 나타나야만 가능하다.
- 직장에서의 직급 및 직책(대리, 과장, 부장, 차장 등) 역시 타겟팅이 가능했으나 현재는 불가능하다.
- 직장인 대상의 오피스룩 컨셉 여성의류 쇼핑몰을 운영한다면 매우 유효한 타겟팅 방법이었다.

**상세 타겟팅 : 관심사**

관심사 타겟팅 역시 기본적으로 제공하는 카테고리와 항목에서 선택이 가능하며, 직접 검색을 통해 자동완성 항목에서 선택하는 것도 가능하다. 관심사 타겟팅의 원리는 페이스북에서 사용자가 이용하는 콘텐츠나 구독하는 페이지, 친구들과의 네트워킹 등 다양한 요소를 기반으로 사용자의 관심사를 분석해 정의하고 타겟팅 하는 것이다.

간혹 페이스북을 이용하다 보면 문득 이러한 의문이 든 적이 있을지 모른다. "대체 이 광고는 왜 나에게 보이는 걸까?" 전혀 관심도 없고 타겟 잠재고객도 아닌 나에게 관련 광고가 보인 적이 있다면, 관심사 타겟팅에 의해서 집행된 광고일 가능성이 있다. 예를 들면 남자인 나에게 여성용품 광고가 노출 되는 것이다.

**페이스북은 내 관심사를 어떻게 알았을까?**

페이스북에서 관심사 타겟팅이 어떠한 원리로 작동하는지 직접 알아보자.

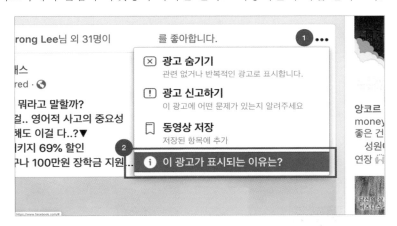

페이스북 뉴스피드 상에서 보이는 어떠한 광고라도 좋으니 광고 콘텐츠 우측 상단의 말줄임표 표시를 클릭하고, '이 광고가 표시되는 이유는?' 항목을 클릭해 보자. 그렇다면 1차적으로 해당 광고를 내보내는 페이지의 광고 전략을 알 수 있

을 것이다. 물론 이것은 자사 뿐만 아니라 경쟁사의 광고 전략이 그대로 노출되는
것과 다름 없다.

그리고 다시 우측 하단에 '광고 기본 설정 관리' 항목을 클릭해 보자. 그러면 내
관심사가 어떤 카테고리에 어떤 항목으로 매칭 되어 있는지 파악할 수 있다. 더
보기 버튼을 눌러 보면 굉장히 많은 관심사 항목에 매칭 되어 있는 것이 보이는
데, 정작 본인이 관심 있는 항목은 거의 찾아볼 수 없다는 것이 특징이다.

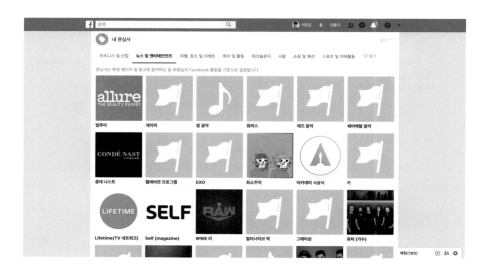

관심사 타겟팅의 원리를 파악 했는가? 100% 미스매칭이라고 할 수는 없지만, 꽤 많은 항목이 미스 매칭 되어 있는 것이 바로 관심사 타겟팅이다. 하지만 만약 우리의 비즈니스가 굉장히 매니악한 분야 이거나, 고급 정보 기반의 비즈니스라면 (예를 들어 IT 기반의 비즈니스) 이러한 관심사 기반의 타겟팅이 효과를 볼 수도 있다. 반면 그 외에 일반적인 관심사에 속하는 부류의 것이라면 관심사 타겟팅의 집행은 고려하지 않는 것이 좋다.

### 상세 타겟팅 : 행동

마지막은 행동 기반 타겟팅이다. 이 타겟팅 기능은 페이스북에서 구매를 했거나, 특정 지역에 거주 및 여행, 특정 모바일 기기 및 운영체제의 사용 등을 기준으로 타겟팅을 집행한다. 하지만 모바일 기기나 운영체제의 경우 노출 위치에서도 충분히 타겟팅 설정이 가능하고, 구매 행동 타겟팅이 구매 카테고리까지 세분화 되어 있는 것은 아니기에 크게 매력적으로 다가오지 않는다.

오히려 해당 기능을 사용하고자 하는 경우에는 특정 행동 기반의 잠재고객을 타겟팅 하는 것보다, '타겟 제외'를 클릭해 특정 잠재고객을 타겟 목록에서 제외 하는 것이 효과적이다. 예를 들면 여행사에서 일본 여행 광고를 집행하고자 할 때, 최근 일본에 여행을 다녀온 이들을 제외하는 방식이 될 것이다.

## 연결 관계 타겟팅

타겟팅의 마지막 단계는 연결 관계 타겟팅이다. 상세 타겟팅 아래에 있는 '연결 관계' 항목에서 '연결 관계 추가'를 클릭하게 되면 추가적으로 여러가지 방식의 타겟팅이 가능하다.

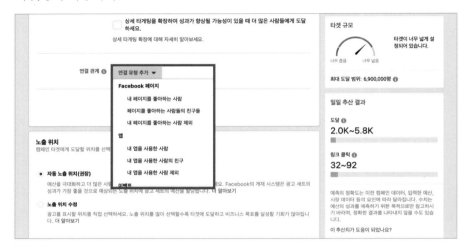

해당 타겟팅의 내용은 쓰여져 있는 그대로 이해하면 되기에 별다른 설명이 필요하지는 않는 항목이다. 다만 이 역시 설정을 할 경우, 위에서 설정한 모든 타겟팅 조건과 교집합으로 작동하게 된다는 점에 유의하자. 더불어 연결 관계 타겟팅은 그냥 사용하는 것보다 스크롤을 조금 내리면 나타나는 '세부 조합' 버튼을 눌러 사용하는 것이 더욱 활용도가 높다.

해당 버튼을 누르면 다음과 같은 화면이 나타나게 되는데 여기서 여러가지 조합이 가능하다. 예를 들어, 내 페이지를 좋아요 하는 사람의 친구를 타겟팅하고 내페이지를 좋아요 한 사람을 제외한다면, 보다 효율적으로 유의미한 잠재고객 타겟팅이 가능할 것이다.

특히 페이스북 광고는 머신러닝을 통해 내 광고에 반응할 것 같은 사람들을 자동으로 타겟팅 해주는 기능이 강점인데, 문제는 이미 우리의 브랜드에 자주 노출되는 사람들에게만 반복적으로 광고가 집행되는 경우가 많다는 점이다. 따라서 '연결 관계' 타겟팅과 같은 기능은 반복적으로 노출되거나 이미 잠재고객으로 정의된 고객을 제외하고 새롭고 유의미한 잠재고객을 타겟팅 할 때 적극적으로 활용하는 것이 좋다.

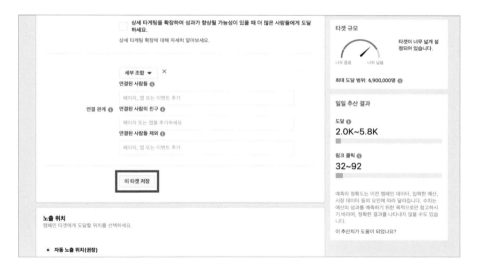

마지막으로 타겟 영역 가장 아래 위치한 '이 타겟 저장'이라는 버튼을 누르게되면 지금까지 설정한 모든 조건 값들을 그대로 저장하게 되며, 추후 다시 광고

세트에서 타겟을 설정할 때 가장 상단 영역에서 '저장된 타겟 사용' 항목을 통해
사용할 수 있다.

# ✎ 광고 세트 (2) : 노출 위치 설정 실습 및 운영 전략 ✎

## 광고를 어디에서 보여줄 것인가?

타겟 설정을 통해 어떤 잠재고객에게 광고를 송출할 것인지 결정했다면, 이제 어느 지면에서 광고를 보여줄 것인지 설정해야 한다. 광고의 노출 위치를 설정해 보자.

노출 위치에는 2가지 옵션이 있다. 기본적으로는 자동 노출 위치가 디폴트 값으로 설정이 되어 있는데, 이는 페이스북에서 노출 가능한 모든 노출 위치에 광고를 송출하고 그 중 성과가 좋은 위치를 기준으로 최적화를 진행한다.

최적화라는 단어가 매력적으로 들릴 수 있겠으나 해당 옵션으로 진행할 경우 우리는 많은 것을 놓치게 될 수 있다. 바로 기기, 지면, 운영체제, App 등의 이슈를 통제할 수 없기 때문이다. 이에 따른 자세한 내용을 알아보자.

## 기기 유형 : PC와 Mobile, 당신의 선택은?

자동 노출 위치로 선택되어 있는 버튼을 노출 위치 수정으로 변경해 보자. 버튼을 누르면 설정 가능한 다양한 옵션들이 노출될 것이다.

이 때 가장 먼저 보이는 것이 바로 기기 유형에 대한 설정이다. 해당 항목을 클릭하면 우리의 광고를 PC에만 노출 시킬 것인지, Mobile에만 노출시킬 것인지, 아니면 모두 노출시킬 것인지를 설정할 수 있다.

사람들은 일반적으로 페이스북을 사용할 때 스마트폰이 주 이용 방법이라 생각하기 때문에, PC에 노출 시키는 것을 과감하게 포기하는 경우가 있다. 실제 데이터가 증명 하듯이 페이스북의 모바일 접속량이 압도적이고, 최근 트렌드 역시 모바일을 가장 우선적으로 고려하기 때문에, 본인 역시 이러한 부분이 잘못된 판단은 아니라 생각한다. 하지만 PC 영역을 포기하지 말아야 하는 경우도 있다는 것을 꼭 기억해 두자.

스마트폰의 대중화로 인해 정보 탐색부터 결제까지 모바일에서 일어나는 경우가 다반사지만, 그럼에도 불구하고 여전히 PC를 통해서 결제가 이뤄지는 경우가 있다. 가격이 높은 고관여 상품일수록 이러한 경우가 발생할 확률이 높고, 타겟이 직장인일 경우 업무 시간에 발생하는 결제일수록 그러하다. 때문에 페이스북 사용자 대다수에 초점을 맞추는 것이 아닌, 우리 브랜드의 잠재고객 특성을 고려해 노출 위치를 고려하는 것이 중요하다.

## 플랫폼 : 페이스북과 인스타그램을 한 번에

기기 유형을 지나 다음 설정 영역으로 내려오면 광고를 노출 시킬 수 있는 플랫폼을 설정할 수 있다. 이 때 특별히 눈여겨 볼 부분은 바로 인스타그램이다. 2012년 페이스북이 인스타그램을 인수한 후 생긴 장점 중 하나는 바로 광고 플랫폼의 통합인데, 이로 인해 페이스북과 인스타그램 광고를 하나의 계정에서 운영할 수 있게 되었다.

방법도 매우 간단하다. 위에 보이는 인스타그램 체크 항목을 켜고 끄는 것 만으로도 모든 설정이 완료된다. 다만 여기서 한 가지 주의할 점이 있다. 만약 페이스북과 인스타그램 광고를 모두 집행하고자 한다면, 노출 위치 - 플랫폼 선택에서 페이스북과 인스타그램을 모두 체크해서 진행하는 것 보다 개별 캠페인을 생성해 집행하는 것이 좋다. 이유는 앞에서 설명한 광고 세트 운영 전략과 일맥상통한다. 만약 하나의 캠페인, 하나의 광고세트에서 두 가지 플랫폼에 대해 광고가 송출된다고 하자. 마찬가지로 예산은 광고세트에서 하나로 묶여 있기 때문에 특정 플랫폼에서 광고에 대한 반응이 더 좋을 경우 나머지 하나의 플랫폼은 미처 예산을 다 소진하지도 못한 채로 광고가 종료되게 된다. 따라서 다양한 플랫폼에서 광고를 집행하며, 보다 많은 사용자에게 광고를 도달 시키고자 하는 목표가 있다면 플랫폼에 따라 개별 캠페인, 개별 광고세트를 설정해 집행하는 것이 좋다. 추가적으로 매체의 성과를 정확하게 측정하기 위해서라도 따로 집행하는 것이 좋다.

이 외에도 광고를 노출 시킬 수 있는 여러가지 플랫폼들이 존재하는데 각각의 항목 위에 마우스를 올려놓으면 해당 플랫폼에서 어떠한 위치에 어떤 형식으로 광고가 노출 되는지 알 수 있다. 대부분 이해하는데 크게 어려움은 없기에 Audience Network 지면에 대한 설명만 간략히 하고 넘어가고자 한다. Audience Network는 페이스북과 제휴가 된 제 3자 웹사이트 및 App 서비스의 지면에도 광고가 노출되는 플랫폼이다. 페이스북 광고라 해서 페이스북을 사용할 때만 광고가 노출되는 것이 아니라 페이스북이 보유한 다양한 네트워크를 통해 더욱 많은 지면에서 광고가 노출될 수 있도록 도와주는 것이다. 광고의 기본적인 목적은 더 많은 잠재고객에게 최대한 자주, 많이 보여지게 하기 위함이기에, 이런 목적에 잘 부합하는 기능이라 할 수 있다.

## 특정 모바일 기기 및 운영 체제 : Android? iOS?

모바일 기기의 경우 조금 더 정밀한 타겟팅이 가능하다. 특정 모바일 기기 및 운영 체제 항목의 드랍다운 버튼을 누르면 Android 혹은 iOS 운영체제를 쓰는 모바일 기기를 선택할 수 있다.

App 서비스를 출시하는 경우라면 해당 기능이 매우 유용하게 쓰인다. 보통 App 서비스를 출시할 경우 Android와 iOS 기기가 사용하는 스토어 및 개발 환경이 다르기 때문에 각각의 기준을 충족하는 App 서비스를 따로 출시해야 한다. 특히 iOS의 경우 그 기준이 더욱 까다롭기 때문에 대부분 Android를 먼저 출시하고 베타 테스트를 거쳐 추후 iOS에 App을 출시하는 경우가 많다. 이 때 Android로 먼저 출시한 App 서비스를 홍보하고자 한다면 페이스북에서 Andorid 기기 전용을 선택해 광고를 집행하면 된다.

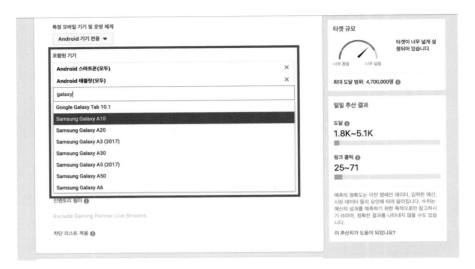

　모바일 기기의 운영 체제를 선택했다면 특정 스마트폰의 기종까지 선택이 가능하다. 해당 기능은 여러모로 유용하게 활용되는 부분이 있다. 예를 들어 갤럭시 스마트폰의 액세서리를 판매하는 경우 Android 기기 전용을 선택 하고 특정 기기 모델까지 설정을 한 후 광고를 집행한다면 매우 효과적인 타겟팅이 가능하다.

## 콘텐츠 및 퍼블리셔 제외와 차단 리스트 적용

노출 위치 설정의 마지막 영역에서는 광고를 노출하고 싶지 않은 영역을 설정한다. 먼저 콘텐츠 및 퍼블리셔 제외 영역을 보면 'Facebook의 인스트림 동영상 및 인스턴트 아티클'과 'Audience Network' 영역이 있다. 각각의 항목을 클릭하면 아래로 펼쳐지며 인벤토리를 필터링 할 수 있다.

인벤토리, 인스트림 동영상, 인스턴트 아티클 등 갖가지 생소하고 어려운 단어가 잔뜩 있지만 사실 개념은 별로 어렵지 않다. 페이스북 광고를 집행하게 되면 동영상 영역(인스트림 동영상), 뉴스 기사 영역(인스턴트 아티클), 제휴된 웹사이트 및 App 서비스의 지면(Audience Network) 등에 노출이 되는데, 해당 영역의 선정성이 강하거나 폭력적인 콘텐츠가 있어 불쾌감을 줄 수 있는 경우에는 광고를 노출시키지 않겠다는 것이다. '전체 인벤토리'를 선택하게 되면 개의치 않고 모든 영역에 광고를 노출하겠다는 것이며, '제한된 인벤토리'를 선택하면 폭력성 및 선정성이 우려되는 영역은 모두 광고를 노출하지 않겠다는 것으로 이해하면 된다.

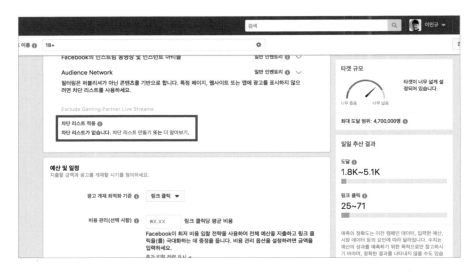

바로 아래 차단 리스트 적용 항목에서 '차단 리스트 만들기'를 클릭하면 새 창이 뜨면서 광고 관리자 화면의 '브랜드 가치 보호' 영역으로 이동하게 된다.

절대 광고를 노출해서는 안되는 영역이 있다면 해당 URL을 .txt 파일 또는 .csv 파일로 만들어 업로드 하자. 여기서 만들어 놓은 차단리스트를 적용하면 해당 영역에서는 광고가 노출 되지 않을 것이다.

광고를 집행하다 보면 광고주의 의사와는 관계 없이 선정성이 강한 성인용 도박과 같은 사이트에 광고가 집행되는 경우가 있다. 대부분의 고객들은 광고가 자신을 따라다닌다고 이해하기 때문에 넘어가지만, 간혹 연령대가 높아 광고의 기술적인 이해가 부족한 경우 자사 브랜드에 대한 큰 불신으로 이어져 직접 컴플레인을 하는 경우도 있다. 브랜드 혹은 서비스를 고려하는 요인 중에 신뢰성이 매우 큰 부분을 차지한다면 해당 항목들은 꼭 체크하는 것을 권장하고 싶다.

# 광고 세트 (3) : 예산 및 일정 설정 실습 및 운영 전략

## 얼마의 기간 동안, 얼마의 비용을 사용할 겁니까?

타겟 설정에 이어 노출 위치 설정까지 마쳤다. 광고 세트의 마지막 설정은 예산에 관련된 것이다. 우리가 집행하는 광고를 언제부터 언제까지 운영할 것인지, 해당 기간 동안 얼마의 비용을 쓸 것인지를 결정한다.

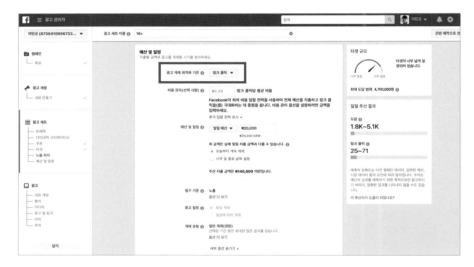

예산 및 일정을 설정하는 영역을 살펴보면 가장 먼저 광고 최적화 기준이라는 항목이 보여진다. 예산 및 일정 설정과 전혀 무관할 것 처럼 보이는 이 항목은 어떤 항목을 선택하느냐에 따라 비용을 청구하는 기준이 변하기 때문에 자세하게 살펴 볼 필요가 있다. 해당 항목의 드랍다운 버튼을 클릭해 보자.

## 광고 게재 최적화 기준이란?

다음과 같이 총 4가지 항목이 나오며 아래와 같은 설명이 기재되어 있다.

- **랜딩 페이지 조회** : 광고의 링크를 클릭하고 웹사이트 또는 인스턴트 경험을 읽어들일 가능성이 높은 타겟에게 광고를 기재합니다.
- **링크 클릭** : 광고를 클릭할 가능성이 높은 사람에게 광고를 게재합니다.
- **노출** : 타겟에게 광고를 최대한 여러 번 표시합니다.
- **일일 고유 도달** : 타겟에게 최대 하루 한 번 광고를 표시합니다.

전반적으로 매우 설명이 잘 나와있고, 각 항목 역시 직관적이라 이해하는 데 크게 무리는 없어 보인다. 또한 광고 게재 최적화 기준이라 하는 것은 페이스북에서 우리가 선택한 기준으로 광고를 최적화 해서 집행 하겠다는 뜻이기 때문에 특별히 어렵게 접근할 부분은 아니다. 다만 문제는 여기서 어떤 항목을 선택하는 것이 우리가 광고를 하는 목적에 잘 부합할 것인가 생각해 봐야 하겠다.

## 노출과 도달의 차이?

위 4가지 항목 중 광고 목적에 부합하는 최적화 기준을 선택하는 방법에 대해 설명하기 전, 노출과 도달의 개념에 대해 한 번 짚고 넘어갈 필요가 있다. 도달이라는 개념과 용어는 꼭 페이스북 광고가 아니더라 하더라도 광고를 집행하는 데 있어 매우 중요한 개념이기 때문이다.

아주 직관적으로 두 용어에 대해 이해하기 위해서는 다음과 같이 생각하면 쉽다. 노출은 '몇 번'에 대한 개념이고 도달은 '몇 명'에 대한 개념이다. 만약 3명의 잠재고객이 있고 이들이 우리의 광고를 각각 2번, 3번, 1번 보았다고 가정해 보자. 이때 노출은 '몇 번'에 대한 개념이기 때문에 6회가 될 것이고, 도달은 '몇 명'에 대한 개념이기 때문에 3명이 될 것이다.

## 비즈니스의 특성과 광고 게재 최적화 기준

광고 게재 최적화 기준은 우리가 처음 페이스북 광고를 시작하며 캠페인을 설정할 때와 마찬가지로 광고를 하는 목적에 대해 다시 한 번 생각해 봐야 하는 부분이다. 광고 게재 최적화 기준은 크게 2가지 그룹으로 분류할 수 있다. 랜딩 페이지 조회와 링크 클릭은 사용자의 행동 기반에 특성을 맞춰 광고 콘텐츠에 반응을 유도하는 것을 목적으로 한다. 노출과 도달은 이와는 반대로, 행동 보다는 더 많은 사람에게 더 자주 광고를 노출 시키는 것에 집중한다. 때문에 무조건적으로 어떠한 기준이 좋다고 말할 수 없고, 비즈니스의 특성을 고려해서 선택을 하는 것이 중요하다.

만약 우리의 서비스가 페이스북에서 광고를 클릭하고 바로 결제까지 이루어지는 종류의 서비스를 제공한다면, 랜딩 페이지 조회나 링크 클릭이 적합할 것이다. 대부분 저가로 관여도가 낮은 제품들의 광고에는 해당 최적화 기준이 매우 적합하다.

반면, 우리가 판매하고자 하는 제품이 TV, 노트북 등과 같이 고가의 고관여 제품이라고 한다면? 잠재고객이 구매까지 걸리는 시간과 고려 요인이 많기 때문에 지속적으로 제품을 상기시켜주는 것이 매우 중요할 수 있다. 따라서 이러한 경우에는 노출을 광고 게재 최적화 기준으로 설정하는 것이 도움이 될 수 있다.

마지막으로 우리 고객의 특성상 한 번 결제가 이루어지면 추가 결제가 이루어지지 않는다고 가정해보자. 이러한 경우, 비즈니스의 성장을 위한 마케팅의 목표는 지속적인 신규고객의 발굴이 된다. 따라서 이미 노출이 된 고객보다는 더 많은 사람에게 우리의 광고를 노출 시키는 것이 중요하기 때문에 도달을 광고 게재 최적화 기준으로 설정하는 것이 도움이 될 것이다.

이처럼 광고 게재 최적화 기준은 어떤 항목이 무조건 적으로 좋다고 할 수 없다. 우리의 비즈니스 특성과 함께 고객의 구매 전환 패턴 등의 요소를 고려해 적합한 항목을 선택하는 것이 좋다.

## 광고 클릭당 얼마를 지불하는게 적절할까?

바로 아래 비용 관리 항목으로 넘어오게 되면 다른 항목들과는 달리 (선택 사항)이라는 것이 보인다. 말 그대로 설정해도 좋고, 하지 않아도 광고를 운영하고 진행하는 것에 있어 큰 문제는 발생하지 않는다.

해당 항목은 사용자가 광고를 클릭할 때 얼마의 비용을 지불할 의사가 있는지를 물어보는 항목이다. 이 항목이 선택사항으로 분류되는 이유는 따로 값을 설정하지 않아도 페이스북에서 최적화를 통해 가장 낮은 비용으로 광고를 운영할 수 있도록 진행되기 때문이다. 물론 그렇게 되면 광고의 도달 범위나 노출량이 기대 이하로 줄어들게 되는 경우가 발생할 수 있다.

사실 처음에는 이 항목에서 적정가를 정하는 것이 매우 어렵다. 어느 정도로 설정하는 것이 맞는지에 대한 기준을 알 수가 없기 때문이다. 따라서 해당 항목을 설정할 때는 기존에 운영했던 광고의 데이터를 기준으로 설정하는 것이 좋다. 기존 광고 운영 이력을 보고 우리의 광고가 몇 명(도달)에게 몇 번 노출 되었을 때(빈도), 어느 정도의 클릭(CTR)이 발생하며 그 때 평균 클릭당 단가(CPC)는 얼마인가? 라는 질문에 해답이 있을 경우에 적정 기준을 측정할 수 있다. 또한 추가적으로 우리의 고객획득비용(CAC)에 근거해 1명의 사용자를 유입시키고 전환되는 비율을 알 수 있다면, CAC로부터 역으로 해당 비율을 환산해 적정 CPC를 환산할 수 있다.

만약, 위와 같은 접근법이 아직은 어렵게만 느껴진다면 해당 항목을 공란으로 운영한 뒤, 평균 CPC 단가를 기준으로 아래와 같은 접근 방법으로 테스트를 통해 최적화해 보도록 하자.

### • 입찰가를 높게
생각보다 광고의 도달 및 노출량이 적어 더 많은 사람에게 광고를 노출시키고자 할 때

### • 입찰가를 낮게
평균 클릭당 단가가 높아 광고비의 지출이 높아지면서 예산이 부족할 때

## 예산 및 일정 : 일일 예산과 총 예산

광고에 사용할 예산을 설정할 차례다.

드랍다운 버튼을 눌러 보면 일일 예산과 총 예산을 설정할 수가 있는데, 말 그대로 하루하루 얼마의 비용을 지출할 것인지, 아니면 언제부터 언제까지 총 얼마의 비용을 지출할 것인지 선택하는 것이다.

해당 설정을 마치면 바로 아래 광고를 운영하고자 하는 기간을 설정할 수 있다. 오늘부터 계속 게재를 선택할 경우 종료일 없이 광고가 계속 집행되게 되며, 시작 및 종료 날짜 설정을 선택하면 운영 일자 뿐만 아니라 종료 시간까지 선택할 수 있다.

## 정신과 육체 노동을 줄여주는 요일 및 시간 타겟팅

만약 주말 광고 효율이 떨어져 비용을 아끼기 위해 평일에만 광고를 운영하겠다고 결정한다면? 아마 우리는 두 가지 선택을 할 수 있을 것이다. 매주 평일 일정으로 돌아가는 광고 세트를 여러개 만드는 것. 또는 매주 주말이면 직접 광고를 끄고 평일에 다시 광고를 켜는 것이다. 둘 중 어느 방법이 되었던 간에 매우 피곤하고 귀찮은 방식임에는 분명하다. 이를 더 쉽게 할 수는 없을까?

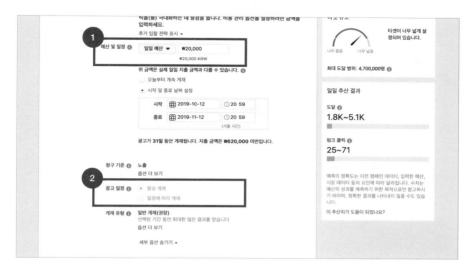

예산 및 일정을 선택하는 영역을 살펴보면 일일 예산 기준이 디폴트 값으로 설정되어 있다. 그리고 아래 광고 일정 영역이 비활성화 되어 있을 것이다. 예산 및 일정 값을 일일 예산에서 총 예산으로 바꾸어 보자. 그렇게 되면 2번 광고 일정 영역이 활성화 되면서 '항상 게재'와 '일정에 따라 게재' 버튼을 설정할 수 있다.

이 때 '항상 게재'는 기본 옵션으로 일일 또는 총 예산을 균등하게 배분해서 광고를 진행하는 것을 뜻한다. 반면 '일정에 따라 게재' 버튼을 클릭하면, 내가 원하는 요일과 시간에 따라 광고를 설정할 수 있다.

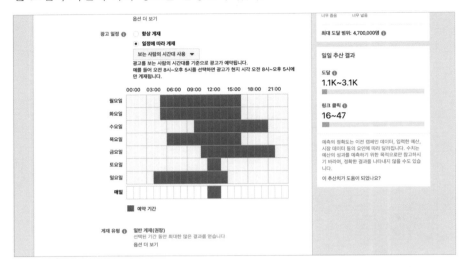

해당 기능은 타겟의 이용 특성이 매우 명확하거나, 예산 부족으로 인해 특정 시간과 요일에 집중해야 할 때, 프로모션 및 이벤트의 특성상 특정 시간에만 광고를 집행해야 하는 경우 등에 사용하면 매우 유용하다. 다만 한 가지 주의할 점은 그저 감에 의존해 특정 시간에 광고를 하는 것이 효율적이라 판단하기 보다, 기존 운영 데이터를 기반으로 판단을 내려야 한다. 그렇지 않을 경우 광고 비용을 허공에 태우는 결과가 나올 수 있다.

## 광고는 많이, 돈은 적게 쓸 수 있는 방법은 없을까?

일반적인 기업의 마케터들은 회사의 마케팅 예산 안에서 광고를 집행하기 때문에 광고 비용 지출에 대한 체감이 상대적으로 떨어질 수 밖에 없다. 대부분의 실무자들이 예산을 책정, 배분하고 운영할 때 최대한 비용 대비 효율성을 고려하며 진행하지만, 본인의 돈을 직접 쓰는 것과는 같을 수 없다.

본인 역시 기업 소속으로 광고를 운영할 때는 1개 캠페인의 일 예산을 100,000 원에서 500,000원 정도 지출하는 것에 아무런 거리낌이 없었다. 하지만 은퇴 사업으로 준비 중인 쇼핑몰의 테스트를 위해 광고를 집행할 때는 하루 5,000원을 쓰는 것도 너무 가슴이 아팠다. 아마 광고 예산이 적은 스타트업의 마케터나 직접 운영을 해야 하는 소규모 기업의 대표님들은 이와 똑같은 경험을 하고 있을 것이라 생각한다.

이처럼 우리 모두는 광고 비용을 줄이면서도 효과는 극대화 할 수 있는, 다시 말해 광고는 많이 노출 시키면서도 돈을 적게 쓸 수 있는 방법에 대한 갈망이 있다. 다음에서 설명할 광고 청구 기준은 이러한 우리의 갈망을 조금이라도 해소시킬 수 있는 방법으로 접근해 보고자 한다.

**청구 기준 : 어떤 기준으로 비용을 지불할 것인가.**

청구 기준은 말 그대로 돈을 지불하는 방식을 설정하는 것이다. 광고 비용을 책정하는 기준은 가장 대표적으로 CPC(Cost Per Click)라고 하는 클릭당 비용과 CPM(Cost Per Mille)라고 하는 1,000회 노출당 비용이 있다. 페이스북 역시 대표적인 이 두 가지 기준으로 대금 청구를 요구한다.

조금 위로 다시 올라가 광고 최적화 기준으로 돌아가자 보자. 광고 최적화 기준은 랜딩 페이지 조회와 링크 클릭, 노출과 일일 고유 도달이라는 4가지 항목으로 구성되어 있었다. 이 4가지 항목 중 링크 클릭을 제외한 나머지 항목을 선택하면 청구 기준은 자동으로 '노출'로 고정 된다. 광고 최적화 기준을 링크 클릭으로 할 경우에는 이 청구 기준을 '클릭'과 '노출'중에 선택할 수 있다.

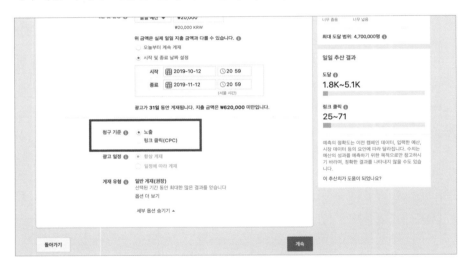

여기서 질문을 던져보자. 청구 기준은 클릭과 노출 중 어느 것이 더 좋을까? 그리고 왜 다른 항목들은 청구 기준이 노출로만 진행되는 것일까?

참고로 현재로부터 약 2~3년 전까지만 하더라도 광고 최적화 기준은 링크 클릭과 노출 뿐이었고, 도달과 랜딩 페이지 조회라는 기준은 점차 추가된 것이다. 또한 과거에는 광고 최적화 기준을 노출로 설정했다 하더라도 청구 기준은 링크 클릭과 노출 모두 선택이 가능했다.

페이스북의 청구 기준은 광고주인 우리가 비용을 지불하는 방식을 설정하는 것임을 잊지 말자. 반면 페이스북은 광고 플랫폼에 입장에서 광고주가 최대한 많은 비용을 지출할 수 있도록 설계할 것이다. 따라서 우리는 청구 기준을 설정할 때 우리가 집행하는 광고 크리에이티브의 특성을 고려해 비용을 절약하는 방법으로 접근해야 할 필요가 있다.

### • 브랜드 인지도 증대 및 상품 상기 광고의 경우

결혼을 앞두고 있는 예비 부부를 떠올려 보자. 당장 필요하지는 않지만 시간이 지날수록 가전제품 구매를 어디서 어떻게 해야할지 고민 중이다. 이들에게 우리 브랜드를 지속적으로 노출시킴으로써 구매 시점이 다가왔을 때 우리의 브랜드를 가장 먼저 떠올리게 하는게 목적이라면? 계속해서 우리 브랜드를 상기시키는 광고를 집행할 수 있을 것이다. 다만 이러한 광고는 잠재고객이 당장 클릭을 해야 하는 이유가 없기 때문에 클릭이 많이 발생하지는 않는다. 따라서 청구 기준을 클릭 기준으로 한다면 비용을 세이브 하면서 광고 목적을 달성할 수 있다.

### • 이벤트 및 프로모션의 경우

아마 간혹 무료배포, 무료공개 또는 100원 구매라는 타이틀로 진행되는 광고들을 본 적이 있을 것이다. 보통 이러한 이벤트나 프로모션은 보다 많은 잠재고객의 트래픽이나 DB 등을 효과적으로 수집하기 위해서 진행된다. 굉장히 크고 매력적인 혜택을 무료 혹은 저렴한 가격에 이용할 수 있다고 하기 때문에 광고의 성과는 상대적으로 매우 뛰어난 편이다. 다시 말해 해당 광고 소재는 클릭률이 매우 높은 편에 속한다. 따라서 광고가 노출되기만 한다면 클릭은 매우 잘 일어 날 것이기 때문에 청구 기준을 노출로 한다면 마찬가지로 비용 대비 효과를 최대 한 얻을 수 있다.

## 게재 유형 : 달리는 말에 채찍질을 해 보자!

광고 세트 설정의 마지막 영역은 게재 유형에 대한 부분이다. 우리의 광고를 균등하게 잠재고객에게 보여줄 것인지, 혹은 폭발적으로 보여줄 것인지를 결정한다. 여기까지만 설정하면 광고 세트에서 설정해야 하는 모든 것이 완료된다.

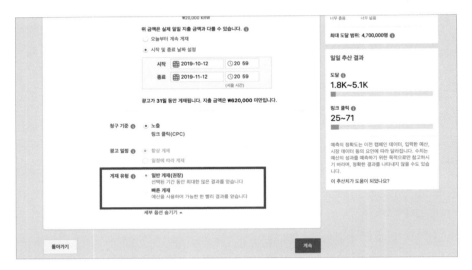

보이는 것과 같이 옵션은 두 가지가 있다. 일발 게재는 앞에서 설정한 광고 예산과 일정에 맞춰 광고를 균등하게 집행한다는 것을 의미한다. 반면, 빠른 게재는 광고가 라이브 된 시점부터 광고비가 모두 소진될 때 까지 최대한 많이 노출시키는 방식의 운영 방법이다.

빠른 게재는 남은 일정에 비해 광고 예산이 많이 남았을 경우, 이벤트나 프로모션에 맞춰 단 시간 안에 빠른 결과를 얻어야 하는 경우, 광고 노출이 줄어들어 노출량을 증대해야 하는 경우 등에 사용 된다.

# 광고 크리에이티브 (1) : 광고 소재 설정 실습 및 운영 전략

## 잠재고객에게 어떤 광고를 보여줄 것인가.

드디어 페이스북 광고를 라이브 하는 마지막 단계까지 도착했다. 고객에게 보여지는 광고를 설정하는 광고 크리에이티브의 영역이다.

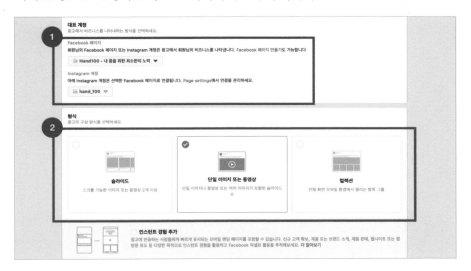

먼저 광고가 나가게 될 페이스북의 페이지의 계정 및 인스타그램의 계정을 선택하자. 그리고 아래 보이는 형식에서 가장 대표적으로 사용하게 되는 단일 이미지 또는 동영상 형식을 선택한다.

슬라이드 형식은 단일 이미지 또는 동영상에서 선택하는 방식을 동일하게 여러 번 적용하면 되는 것이고, 컬렉션 역시 인스턴트 경험이 추가되는 것을 제외한다면 유사한 형태로 진행되기 때문에 단일 이미지 또는 동영상 형태에만 익숙해진다면 다른 형태의 광고를 설정하는 것 또한 어렵지 않다.

다만 여기서 인스턴트 경험 이라는 부분은 많은 분들이 궁금해 할 것 같다. 이 기능은 페이스북에서 제공하는 랜딩 페이지와 같은 개념이다.

보통 웹사이트나 블로그를 보유하고 있는 경우라고 한다면 광고를 클릭 했을 때 고객이 해당 웹사이트 페이지나 블로그의 페이지로 유입된다. 이 때 고객이 처음 방문하게 되는 페이지를 랜딩 페이지라고 한다. 이 랜딩 페이지에서는 고객에게 정보를 제공하거나 설득을 통해 회원가입, 리드생성, 구매전환을 요구한다. 이처럼 일반적인 경우라면 문제가 없지만, 몇몇 상황에서는 랜딩 페이지 때문에 페이스북 광고를 집행하기 어려운 상황이 발생한다.

만약 우리가 특정 웹사이트를 보유하고 있지 않다면? 혹은 있다 하더라도 모바일에 최적화 되어 있지 않아 가독성이 매우 떨어진다면? 고객은 우리가 유도한 랜딩 페이지에 도착해 불편함을 느끼고는 바로 이탈해 버릴 가능성이 높다. 또한 웹사이트나 블로그를 보유하고 있지만 특정 프로모션을 위한 페이지를 새로 개설할 여력이 없는 경우도 발생할 수 있다. 페이스북은 항상 광고주가 광고를 쉽고 편하게 할 수 있도록 하는 것이 그들의 광고 수익률 증대에 도움이 되기 때문에 이러한 불편함을 해결해 줄 수 있는 서비스를 고안해 냈고, 그것이 바로 이 인스턴트 경험인 것이다.

인스턴트 경험 추가 버튼을 클릭하면 페이스북에서 제공하는 기본적인 랜딩 페이지 템플릿을 볼 수 있다. 여기서 광고 목적에 부합하는 템플릿을 선택하고 이미지와 텍스트 및 버튼 정도를 구성하면 매우 쉽고 간편하게 랜딩 페이지가 생성된다. 우리의 페이스북 광고를 클릭한 잠재고객은 해당 랜딩 페이지를 통해 정보를 접하거나 설득이 될 것이고, 추가적으로 버튼 클릭을 통해 우리가 유도한 행동을 하게 되는 것이다.

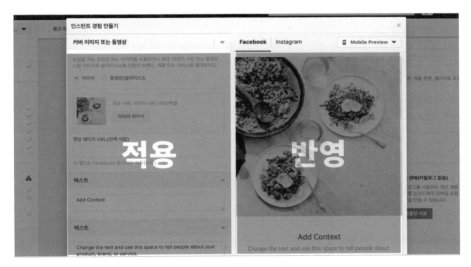

바로 뒤에 광고 크리에이티브를 설정하면서도 살펴 보겠지만 페이스북의 설정은 실시간으로 미리보기를 제공하기 때문에 매우 간편하게 제작이 가능하다. 좌측 영역에서 각각의 항목들을 설정하고 적용하면 우측 미리보기 화면을 통해 사용자가 접하게 되는 화면을 볼 수 있다. 이러한 인스턴트 경험은 페이스북에서 제공하는 기능인 만큼 사용했을 경우 고객이 광고를 클릭하고 외부 사이트의 URL로 이동하는데 걸리는 로딩 시간을 줄여줄 수 있을 뿐더러 모바일에 최적화된 경험을 제공할 수 있다는 장점이 있다.

## 미디어 설정 : 친절하지만 까다로운 페이스북

광고를 설정하는 영역은 이미지 혹은 영상, 텍스트, 링크 등 크게 3가지로 분류된다. 하나씩 설정해 보며 광고 크리에이티브 설정을 마무리 해 보자.

먼저 미디어 영역에서 이미지 업로드 버튼을 누르면 PC에 있는 이미지를 불러와 업로드가 가능하다. 이렇게 한 번 업로드 된 이미지 및 동영상 등은 2번의 라이브러리 찾아보기 항목을 통해 언제든지 다시 불러와 사용이 가능하다. 동일한 이미지를 사용한다면 매번 번거롭게 업로드 할 필요가 없다.

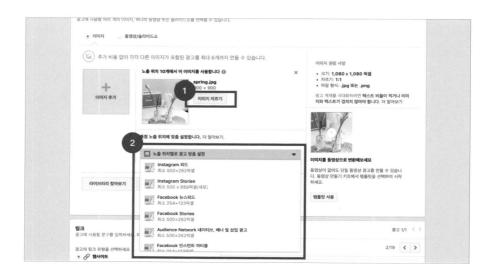

이미지가 업로드 되었다면 1번 영역의 이미지 자르기를 통해 편집이 가능하다. 물론 미리 편집해 놓은 이미지를 업로드 하는 것이 가장 편리하고 문제가 발생할 확률이 적다. 하지만 불가피하게 편집이 필요한 경우라면 페이스북에서 제공하는 이미지 편집 기능을 활용해도 무방하다.

또한 페이스북 및 인스타그램 광고는 App 사용자의 뉴스피드에만 노출되는 것이 아니라 굉장히 다양한 영역에 노출이 되는데, 이 때 반영되는 이미지의 크기 역시 제각각이다. 이 때에는 2번 영역에서 처럼 각각의 영역에서 노출되는 이미지를 확인하고 그에 맞는 추가적인 조정을 할 수 있다.

페이스북과 인스타그램 광고를 집행하면서 이미지를 사용할 때는 꼭 주의할 점이 있다. 바로 20% 텍스트 제한을 넘기면 광고의 영향력이 줄어든다는 점이다. 페이스북에서 노출되는 광고들을 살펴보면 이미지에 텍스트가 삽입된 경우를 자주 볼 수 있다. 이는 이미지와 함께 텍스트를 배치하는 것이 가독성과 주목도 면에서 더 뛰어나기 때문이다. 하지만 페이스북이 추구하는 광고는 네이티브 광고의 형태로서 일반 콘텐츠와 광고 콘텐츠의 차이를 최소화해 사용자의 거부감을 줄이는 것이다. 때문에 이미지 안에 텍스트가 많이 들어간 광고성 콘텐츠가 사용자의 뉴스피드를 점령하는 것을 최대한 방지하고자 한다. 이러한 기준에 부합하는 정책이 바로 텍스트 20% 제한이다. 페이스북 광고 이미지 안에 텍스트가 차지하는 영역의 비율이 20%를 초과할 경우 광고의 도달 및 노출에 제한을 두고 있다.

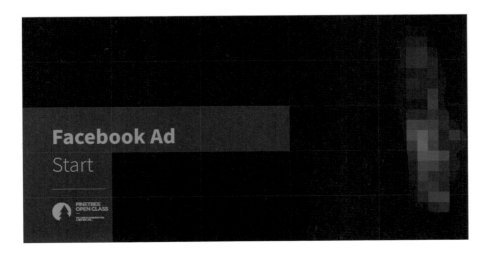

때문에 광고 이미지에 텍스트를 삽입할 경우에는 5×5 표를 만들어 이미지 위에 배치 했을 때 5칸을 넘기지 않는 영역 안에서 삽입하는 것이 좋다. 물론 텍스트 영역이 20%를 넘어간다고 해도 광고가 중단되거나 노출되지 않는 것은 아니다. 하지만 20%를 초과하는 텍스트 영역이 많으면 많을수록 광고에 걸리는 노출 및 도달 제한은 더욱 심화 되며, 그 정도는 20% 기준을 충족시킨 광고에 비해 50% 까지 줄어들 수 있다는 점을 유의하자.

- 페이스북 텍스트 오버레이 도구를 사용하면 이미지 내 텍스트 비율이 제한사항을 준수하는지 확인 가능하다.
- 구글에서 '텍스트 오버레이 도구'를 검색하면 바로 이용 가능하다.

### 광고는 마음에 들 때까지, 직접 보고 결정하자!

페이스북 광고 설정의 가장 마지막 영역은 잠재고객에게 보여지는 광고를 제작하는 것이다. 해당 광고를 얼마나 매력적으로 만드느냐는 광고의 클릭률과 직결되고, 광고의 관련성 점수에도 영향을 미쳐 광고 비용을 절감하는 결과로 이어질 수 있다. 앞서 설정한 모든 항목들이 주로 로직에 의해 판단되고 결정하는 것이었다면, 광고 크리에이티브는 보다 감각적이고 창의적인 역량이 필요한 부분이다.

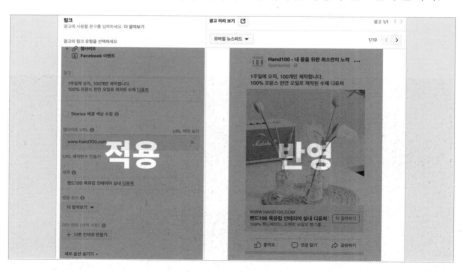

다행히도 앞에서 인스턴트 경험을 설정할 때와 같이, 미리보기를 통해 실시간으로 광고가 어떻게 보여지는 지 확인 가능하다. 좌측에서 항목들을 입력하면 적용된 내용이 우측에 미리 보기에서 반영된다. 광고 이미지는 바로 앞서 업로드한 이미지가 보여질 것이고 우리는 광고의 문구, 제목, 링크 설명 등의 텍스트를 입력한 다음 광고를 클릭 했을 때 사용자가 도착할 랜딩 페이지의 URL만 입력하면 된다.

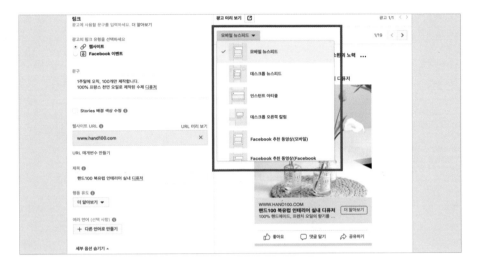

직접 해보는 것 이상의 설명이 필요 없을 정도로 매우 직관적으로 잘 구성되어 있다. 특히 우측 미리 보기 화면에서 드랍다운 버튼을 누르면 광고가 노출 되는 영역에 맞춰서 광고가 보여지는 모습을 더 디테일 하게 확인할 수 있다. 이러한 세부적인 영역까지 고려해 광고 제목과 링크 설명 등의 텍스트를 반영하면 되겠다. 선택사항 등의 항목을 제외하고 모든 항목에 대한 입력을 마친 뒤 가장 우측 하단의 초록색 동의 버튼을 누르게 되면 페이스북에서 우리가 설정한 광고에 대해 검수가 시작된다.

검수는 짧으면 2~3시간, 길어도 1~2일 이내에 완료가 된다. 광고 콘텐츠의 선정성이나 폭력성 및 의학적 효과를 설명하는 내용 등 특별히 광고 검수 기준에 위배되는 항목이 있지 않은 이상 문제 없이 진행된다.

## ✏ 광고 크리에이티브 (2) : 페이지 게시물 광고하기, 광고 콘텐츠 게시하기 ✏

### 똑똑한 페이스북? 현명한 광고주!

페이스북은 참 영악하다. 페이스북 페이지를 운영하다 보면 '이 게시물의 성과가 다른 게시물 보다 60% 뛰어납니다. 광고를 통해 성과를 더욱 증대시켜 보세요.'라는 문구를 보게 된다. 광고주의 돈을 더 쓰게 만들기 위한 장치지만, 나쁜 접근 방법은 아니다. 성과가 좋은 게시물이 있다면 광고를 통해 그 성과를 더욱 증폭시키는 것은 매우 효과적이다. 때문에 본인이 강의를 진행할 때 종종 듣는 질문 중 하나가 '게시물을 광고로 집행하려면 어떻게 해야 하나요?'이다.

가장 쉽고 간편한 방법은 페이스북 페이지에서 보이는 게시물 아래 '게시물 홍보하기' 버튼을 눌러 쉽고 간편하게 광고를 집행하는 것이다. 하지만 이렇게 광고를 집행할 경우 우리가 광고 세트에서 심혈을 기울여 설정 했던 타겟, 노출 위치, 기기 타겟팅, 청구 기준 및 게재 유형 등의 디테일한 설정이 불가능해진다. 때문에 페이스북 페이지의 게시물을 광고로 집행하고자 할 때는 다음과 같은 방법으로 진행하는 것을 추천한다.

우선 광고 새로 만들기를 눌러 앞서 연습한 방법으로 캠페인과 광고 세트를 설정한다. 마지막 광고 영역에서 광고 만들기 우측에 있는 기존 게시물 사용을 누르고, 2번에서 보이는 것처럼 게시물을 불러올 페이스북 페이지 혹은 인스타그램 계정을 선택한다. 그리고 3번의 게시물 선택을 눌러 어떠한 게시물을 광고로 집행할 것인지 선택한다.

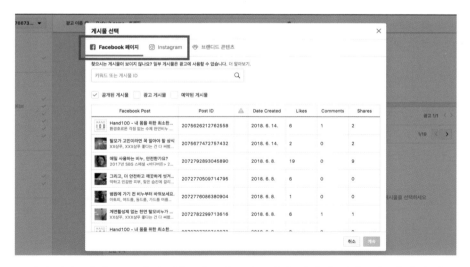

이와 같은 방법으로 페이스북 또는 인스타그램에 게시한 게시물을 선택해 광고를 집행하게 되면, 성과 좋은 게시물의 효과를 증폭 시키면서도 광고 운영 전략을 도입해 효율적인 광고 운영이 가능해 진다.

## 증발해 버리는 광고 콘텐츠 잡아두기

페이스북의 뉴스피드 방식은 이미 많은 사람들이 적응해 학습효과가 형성되어 있다. 더 이상 사람들은 무한 스크롤을 통해 콘텐츠를 소비하는 것에 낯설지 않다. 다만 이러한 페이스북의 시스템에서 한 가지 아쉬운 점은 콘텐츠 휘발성이다. 끝없이 이어지는 스크롤은 매우 간편하고 쉽게 콘텐츠를 접하게 하지만, 한 번 지나가버린 콘텐츠를 다시 찾아서 보기에는 매우 큰 불편함이 따른다. 페이스북에서 제공하는 검색 기능 역시 매우 단편적이기에 사용자 조차 지나가버린 콘텐츠를 다시 찾으려는 노력을 하지 않는다.

이러한 휘발성은 페이지 게시물보다 광고 콘텐츠에서 더욱 큰 단점으로 작용한다. 페이스북 광고의 장점인 네이티브 광고 형식 때문에 사용자들은 광고 콘텐츠를 공유할 수 있고, 좋아요, 댓글 등의 상호작용을 할 수도 있다. 하지만 광고 콘텐츠는 페이지 게시물과 다르게 광고 운영이 일정 및 비용 등의 문제로 종료되면 해당 콘텐츠를 어디서도 만나볼 수가 없다. 그나마 페이지 게시물은 어떻게 해서라도 찾아볼 수 있다는 것과 매우 대비된다.

만약 우리가 집행한 광고 콘텐츠의 반응이 매우 뛰어나 좋아요, 댓글, 공유와 같은 상호작용이 발생했다면, 이 효과를 더욱 더 잘 활용해야 할 필요가 있다. 특히 페이스북 페이지의 팔로워가 많다면 해당 광고 콘텐츠를 페이스북 페이지에 동시 기재하는 방법을 통해 기존 팔로워들의 반응 역시 이끌어낼 수 있다.

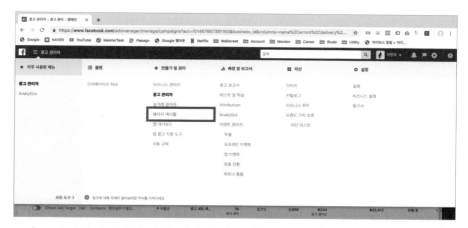

　광고 관리자 화면에서 좌측 상단의 메뉴 버튼을 눌러 '만들기 및 관리' 탭에 있는 '페이지 게시물'을 클릭해보자.

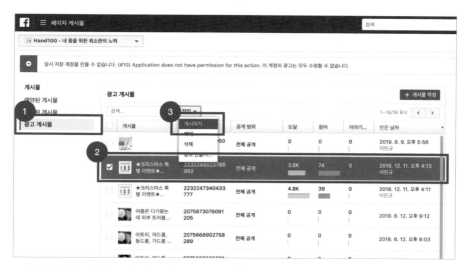

　가장 좌측 게시물 탭에서 '광고 게시물' 항목을 선택하면 현재 광고로 집행 중인 콘텐츠를 확인할 수 있다. 이 중에서 페이스북 페이지에 게시하고자 하는 콘텐츠를 선택하고, '작업'의 드랍다운 버튼을 눌러 '게시하기'를 클릭하면 된다. 이렇게 되면 광고가 종료되더라도 페이스북 페이지에 해당 콘텐츠는 계속 게시되기 때문에 좋아요, 공유하기, 댓글 등을 통해서 콘텐츠가 확산되는 효과를 누릴 수 있을 뿐만 아니라, 기존 페이스북 페이지의 팔로워들을 통해서도 콘텐츠가 노출 되는 효과를 볼 수 있다.

## PART 05

# 0.3초 안에
# 손가락을 멈추게 하는
# 소재 가이드

## 크리에이티브가 퍼포먼스를 좌우한다.

크리에이티브(광고 소재)는 페이스북 광고를 진행하며 성과 최적화를 위해서 필수적으로 검토해야 하는 부분이다. 집행한 광고의 성과는 정확한 타겟팅과 함께 맥락에 맞는 적합한 메시지가 전달될 때, 잠재고객이 이에 반응함으로써 발생한다. 크리에이티브는 여기서 시각적, 맥락적 메시지를 던져 잠재고객의 반응을 이끌어내는 역할을 하기 때문에 광고의 최전선에서 싸우는 역할이라고 이해할 수 있다. 특히 동일한 예산과 타겟팅 아래서 천차만별의 차이를 만들어 낼 수 있다는 점에서, 퍼포먼스를 좌우하는 매우 중요한 영역이라 할 수 있다.

하지만 이 맥락(Context)에 맞는 메시지 라는 부분 덕분에 범용적으로 어느 비즈니스에나 사용 가능한 정석이나 매뉴얼 같은 것이 존재할 수 없다. 비즈니스의 특성과 소비자의 니즈는 모두 제각각이기 때문이다. 따라서 지금부터 전달하는 크리에이티브 가이드는 반드시 성공을 부르는 방정식 같은 것이 아니라, 많은 테스트를 통해 확인한 아주 기본적이고 필수적인 부분들에 대한 조언이 되겠다.

먼저 모든 페이스북 광고에서 공통적으로 들어가는 텍스트 및 제목, 설명 영역에 대한 가이드를 전달한다. 이어서 콘텐츠 영역에서는 링크, 이미지, 동영상, 카드뉴스 형태의 포맷에 맞춰 광고를 집행할 때 적합한 가이드를 전달한다.

# 유형별 페이스북 광고 소재 가이드(1) - 텍스트 영역

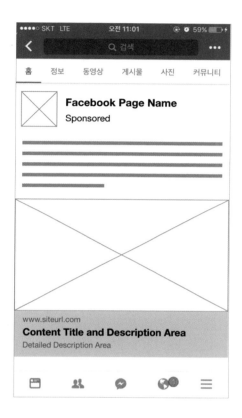

텍스트는 페이스북에서 어떤 콘텐츠와 광고를 집행하던 입력해야 하는, 입력할 수 있는 영역이다. 먼저 이 부분과 관련해서는 고려해야 할 사항이 크게 3가지가 있다.

- 첫째, 모바일 환경에서 글자는 매우 작게 표시된다는 것
- 둘째, 자간 및 행간 조절 불가능으로 가독성이 떨어진다는 것
- 셋째, 텍스트 제한이 있어 긴 텍스트는 모두 노출되지 않는다는 것

굉장히 까다롭고 어렵기도 한 부분이지만 본인의 경우 이 영역을 매우 잘 활용

해 광고의 관련성 점수를 높이고 광고 단가를 놀라울 정도로 낮췄다. 따라서 해당 텍스트 영역을 작성할 때는 다음과 같은 부분에 유의하며 작성하는 것이 좋다. 먼저 사용자가 반응할 수 있도록 광고 소재와 관련된 키워드를 선정해 해당 키워드를 기반으로 텍스트를 작성해야 한다. 이 때 선정하는 텍스트는 우리의 비즈니스를 대변하면서 동시에 고객이 사용하는 키워드여야 한다. 사람들은 대부분 온라인 상의 텍스트를 모두 읽는 것이 아니라 마치 스캔하듯 대충 훑어보게 되는데, 이 때 본인이 평소에 관심 있던 키워드가 매칭 되면 다시 해당 글을 정독하기 때문이다. 따라서 고객이 반응하는 키워드를 선정해 해당 키워드로 텍스트를 작성해야 한다.

텍스트가 길어질 경우 더 보기 버튼으로 숨겨져 4~5줄 정도 밖에 노출되지 않기 때문에 긴 문장을 쓸 경우에는 스토리텔링형 서술 보다는 두괄식으로 중요 내용을 상단에 배치하는 것이 좋다. 또한 문장은 짧고 간결하게 작성해야 하며, 문장이 다음 줄로 이어져 넘어가지 않게 호흡에 맞게 줄바꿈을 해주자. 문단 역시 나눠주는 것이 가독성이 좋다. 혹시 URL을 삽입하는 경우가 있다면 클릭률이 매우 낮기 때문에 더 보기 버튼으로 숨겨지기 전 상단으로 넣어주는 것이 좋다.

# 유형별 페이스북 광고 소재 가이드(2) - 링크 콘텐츠

아마도 페이스북에서 영상 콘텐츠와 함께 가장 보편화된 형태의 콘텐츠일 것이다. 그 만큼 많이 사용하는 형식이지만 결정적으로 큰 단점이 존재하기도 한다. 이 링크 형식은 사용자가 클릭을 하면 또 다른 랜딩 페이지로 이동을 하게 되는 형태인데(물론 캔버스와 같이 페이스북에서 제공하는 인스턴트 페이지는 예외), 이 때 발생되는 로딩 시간 때문에 꽤 많은 사용자 이탈이 발생한다. 해당 랜딩 페이지가 모바일 및 로딩 속도 최적화 등이 잘 되어 있다 하더라도, 페이스북 앱 브라우저로 로딩 되는 것이기 때문에 일정 시간의 로딩을 피할 수 없다. 더군다나 사용자의 기기가 모두 최신기기가 아니라는 점, 상황에 따른 인터넷 접속 환경 등 로딩 시간을 더욱 길게 만다는 요소들이 상당하다. 평균적으로 로딩 중 발생하는 이탈이 50%에 육박하기 때문에 상당한 리스크를 안고 있다고 할 수 있다.

그럼에도 불구하고 트래픽 유입이라는 목적을 달성하기 위한 가장 보편적인 형태이기 때문에 여전히 많이 사용하는 방법이다. 따라서 이를 잘 활용할 수 있는 방법을 아는 것이 중요하다.

먼저 이미지 영역은 너무나 당연하지만 시선을 사로잡을 수 있는 이미지의 사용이 필수적이다. 이미지 위에 텍스트를 기재하는 경우도 많은데, 페이스북 광고는 텍스트 제한이 있어 텍스트가 이미지의 20%를 넘어가게 되면 광고의 도달이 떨어진다는 점에 유의하자. 또한 이 때 사용하는 텍스트 역시 사용자가 반응할 수 있는 키워드를 선택해 사용하는 것이 좋다. 다만 위의 경우와 달리 비즈니스를 대변하는 키워드와 함께 혜택이나 숫자를 같이 강조하는 것이 효과적이다.

추가적으로 이미지 아래 제목 영역 텍스트를 작성할 때는 궁금증을 유발해 사용자가 클릭할 수 있도록 기사 형태의 제목을 사용하는 것이 좋다. 이와 관련해 내가 제시한 예시는 사실 대표적인 실패 사례라고 볼 수 있다. 보는 것과 같이 이미지와 제목에 '페이스북 그래프 서치 사용법'이라는 것을 강조했는데, 사실 이 페이스북 그래프서치라는 것 자체가 잘 알려지지 않은 기능이라 단어만 봐서는 그 누구도 관심을 가질 이유가 없었다.

페이스북 그래프서치에 대해 잠시 설명하자면, 페이스북에서 특정 방법을 통해 누군가가 좋아하는 게시물, 팔로우하는 페이지, 사람, 관심사 등을 확인할 수 있는 기능인데, 잠재고객을 분석할 때 매우 유용한 기능이라 할 수 있겠다. 이처럼 설명을 듣고 나서야 궁금증이 생기는 경우가 대부분일 것이다. 그렇다면 처음부터 이 그래프서치의 효용에 대해 강조해 궁금증을 일으키는 것이 더 매력적인 콘텐츠가 되었을 것이다.

# ✐ 유형별 페이스북 광고 소재 가이드(3) - 이미지 콘텐츠 ✐

사실 의류, 가구, 인테리어, 소품 등 비주얼 상품 군을 제외한다면 이미지 한 장에 메시지를 전달하기란 어렵다. 인스타그램에서 대부분의 비즈니스 계정들이 성과를 보기 어려운 것과 같은 맥락이다. 그럼에도 불구하고 이미지 콘텐츠 형식을 사용할 때면, 딱 한 가지 만큼은 유의하자. 바로 사진의 퀄리티이다. 0.3초면 지나가는 뉴스피드 영역에서 사용자의 손가락을 사로잡기 위해서는 이미지의 퀄리티라도 좋아야 한다는 뜻이다. 그런 후에야 텍스트 영역을 활용해 메시지 전달이 가능하다.

# ✎ 유형별 페이스북 광고 소재 가이드(4) - 동영상 콘텐츠 ✎

　　영상 콘텐츠는 유튜브의 점유율을 뺏어오기 위해 페이스북이 심혈을 기울이고 있는 부분이다. 영상 콘텐츠의 경우 소재에 따른 차이는 있지만 3~5분 정도의 분량이 적당하며, 영상의 재생률을 끌어올리기 위해 초반 도입부에 하이라이트 또는 자극적인 인트로를 삽입하는 경향이 있다. 썸네일을 보고 클릭해 영상을 재생하는 유튜브와는 달리 영상이 자동 재생되는 페이스북에서는 이 초반 도입부의 Hooking이 매우 중요한 요소이다. 그런데 한 가지 더 유의해야 할 사항이 있다. 본인의 실패 사례를 통해 그 중요한 포인트가 무엇인지 알아보자.

## 사용자가 플랫폼과 콘텐츠를 이용하는 패턴을 파악하자.

본인 역시 페이스북의 영상 콘텐츠 소비행태에 근거해 초반 도입부를 자극적으로 기획해 재생률을 끌어올리려 했다. 또한 OSMU(One Source Multi Use)에 입각해 동일한 영상 콘텐츠를 페이스북, 유튜브, 네이버TV 등 다양한 채널에 배포했다. 그런데 해당 영상 콘텐츠는 유독 페이스북에서만 반응이 좋지 않았다. 영상의 길이도 2분이 채 되지 않았으며, 타 채널에서의 반응으로 미뤄보았을 때 퀄리티의 문제는 아닌 듯 했다. 그러던 중 우연히 지하철에서 그 원인을 알게 되었다. 그 내용을 정리하면 아래와 같다.

- 페이스북 영상은 일반적으로 뉴스피드 상에서 자동재생 되며,
- 초반 도입부 재생률을 높이기 위해 Hooking이 중요한 요소이다.
- 반면 사람들의 스마트폰은 대부분(지하철 등 공공장소에서) 무음모드이며,
- 영상이 자동 재생되더라도 소리가 재생되지 않는다.
- 심지어 이어폰을 끼고 있어도 소리는 재생되지 않는다. (음악감상 중)

결론적으로 소리가 나지 않는 영상에서 자막이 없다면 도입부의 Hooking이 아무리 매력적이라도 내용이 전달되지 않는다는 것이다. 때문에 페이스북 영상 콘텐츠에서는 이러한 사용자의 콘텐츠 소비 행태를 반영해 영상에 자막을 필수적으로 넣어줘야 한다는 점을 명심하자.

# ✎ 유형별 페이스북 광고 소재 가이드(5) - 카드뉴스 콘텐츠 ✎

한 때 페이스북 뉴스피드를 점령하다 싶었던 형태의 콘텐츠, 바로 카드뉴스이다. 현재 카드뉴스 형태는 많이 보이지 않게 되었지만 아직도 여러 측면에서 매력이 높은 형태의 콘텐츠이다. 제작이 쉽고 간편하며, 스토리텔링도 가능하고, 사용자 역시 이에 익숙하다는 점 때문에 기획자의 능력이 좋다면 여전히 큰 반응을 얻을 수 있다. 카드뉴스 콘텐츠와 관련해서는 스토리텔링 방법과 이미지 사용, 문장 다듬기 등 할 얘기들이 많지만, 그 중 딱 한가지만 꼽아보라 한다면 바로 타이틀이 될 것이다. 시선을 사로 잡고 궁금증을 유발할 수 있는 카피라이팅이 카드뉴스의 생명이라 할 수 있다.

타이틀을 매력적으로 작성하는 방법은 당연히 개인적인 역량에 크게 좌우된다. 하지만 잘 작성된 카피라이팅을 데이터 베이스로 만들어 정리해 두면 매우 유용하게 활용할 수 있다. 아래 표는 본인이 그 동안 직접 작성하기도 하고, 다른 콘텐츠들을 모니터링 하면서 정리해 둔 콘텐츠 타이틀 작성 예시이다. 타이틀 작성에 어려움이 있다면 아래 표를 활용해 적용하는 방법을 추천한다. 물론 해당 타이틀 예시들은 카드뉴스에만 해당되는 것이 아니라 영상을 포함한 모든 콘텐츠에 두루 활용할 수 있다.

| 분류 | 템플릿 | 예시 |
|---|---|---|
| 주체 | ~가 말해주는(알려주는) | 백종원이 알려주는 자취 음식 레시피 10 |
| | ~가 (성공)할 수 있었던 이유 | 스티브 잡스가 애플로 돌아올 수 있었던 이유 |
| | 성공한 ~의 특징 | 승진이 빠른 사람들의 비결 |
| | ~에게 필요한 | 직장인에게 필요한 금융 상식 |
| | ~를 위한 | 새내기를 위한 여름방학 필수 대외활동 리스트 |
| | ~님 | 팀장님, 이것만은 참아주세요. |
| 원인 | 왜? ~했을까? | 저커버그는 왜 대학을 중퇴했을까? |
| 원인 | 어떻게? ~됐을까? | 전쟁에서 살아남은 소년은 어떻게 됐을까? |
| 상황 | ~할 수 있었던 이유는? (비결은?) | 3년 만에 900억 매출을 달성한 비결은? |
| 제기 | ~했다. | 손석희가 방송 도중 분노했다. |
| | ~할 때 좋은 | 프로포즈 할 때 좋은 노래 10곡 |
| | ~할 수 있을까? | 매일 30분씩 투자하면 다이어트에 성공할까? |
| | ~하고 있습니까? | 다이어트를 위해 하루 얼마나 투자하고 있습니까? |
| | ~했다면 어땠을까? | 만약 작년에 수능을 다시 본다면 어땠을까? |
| 명령 | ~만은 꼭 해라 | 대학생들이여 스타트업으로 가라! |
| | ~만은 절대 하지 마라 | 첫 직장이라면 스타트업은 가지 마라! |
| 명령 | ~를 높이는(상승시키는) | 전환율을 높이는 랜딩 페이지 법칙 10가지 |
| | ~를 (잘)하기 위한 | 2달 안에 토익을 끝내기 위한 학습 가이드 |
| | ~를 하기 위해 필요한 | 저렴한 해외 어학연수를 위한 국가별 필수 정보 |
| 연재 | ~하기 : OO편 | 30일 전국투어 하기 : 경기 용인시 편 |
| 인용 | "~다." | "이 트로피를 50만원에 팔겠습니다." |
| 인용 | 무료 / 팁 | 고척돔 콘서트 주차 무료 이용하는 방법 |
| | 노하우 | 나만 알고 싶은 페이스북 광고 노하우 |
| | 비밀 | 현지인이 알려주는 속초 비밀 맛집 |
| | 숫자(금액, 시간) | 3박 4일, 60만원으로 제주여행 마스터하기 |
| | 체크리스트 | 에어비앤비 예약 시 체크해야 할 리스트 |

반응이 좋은 카드뉴스 콘텐츠를 간혹 광고로 집행하는 경우가 있는데, 이 때 역시 유의해야 할 것은 텍스트 20% 제한이 동일하게 적용된다는 것이다. 다만 여러 장의 이미지가 사용 되는 카드뉴스인 만큼 텍스트 제한이 걸리는 이미지도 한 장이 아닌 여러 장이 될 수 있다. 문제는 어떤 이미지가 이 텍스트 제한을 초과했는지 알 수 있는 방법이 없다. 고생해서 제작한 카드뉴스를 처음부터 다시 만드는 일이 없도록, 가능한 이 가이드를 잘 준수해가며 제작하는 것 또한 중요하다.

# 2편
## 페이스북 픽셀과
## 구글 태그 매니저를 활용한
## 디지털 마케팅 전략

# 1편을 마치고 2편을 시작하며

## 필요한 사람에게 필요한 내용이 전달될 수 있도록

책의 내용을 1편과 2편으로 구분지은 이유는 다음과 같다. 1편에서는 픽셀, 자바스크립트, html, css 같은 어려운 용어와 개념들을 접하지 않더라도 페이스북 광고가 필요한 분들에게 방법을 전달하는 것. 그리고 2편에서는 1편을 완벽히 습득하신 분들과, 이미 페이스북 광고를 운영 중인 실무자들에게 조금 더 디테일한 활용 방법을 전달하는 것.

1편의 내용만으로도 페이스북 광고를 집행하고 성과를 내는 것에는 큰 문제가 없다. 실습 가이드에 따라 우리의 주요 타겟을 선정하고 예산을 배분한 다음 광고 소재를 업로드해 진행하면 된다. 하지만 보다 높은 광고 효율을 위해서, 그리고 개인의 커리어와 성취욕을 위해서라면 지금부터 전달할 2편의 내용이 필요하다. 그리고 이러한 페이스북 광고 고도화 및 효율성 증대를 위해 페이스북 픽셀의 설치는 필수적이다.

아마 대부분의 현업 마케터들 또는 마케팅 고도화가 필요한 분들이 어려움을 겪는 부분은 여기서 부터일 것이다. 본인 역시 마케터로 커리어를 이어 오면서 이러한 픽셀 설치와 같은 영역에서 정체성에 혼란을 겪었다. '마케팅이라는 것이 이렇게 개발 지식까지 필요한 것인가?', '기술은 빠르게 진화하는데 도대체 난 언제까지 공부를 해야 할까?' 등등 끊임없이 공부해야 하고 트렌드를 쫓아가야 하는 것에 많은 피로감을 느꼈다. 하지만 너무 걱정하지 말자. 밀려오는 피로감과 두려움을 뒤로 하고 조금의 노력만 더한다면 우리는 더 많은 것을 이뤄낼 수 있다.

## PART 06

# 개발을 몰라도,
# 개발자가 없어도 가능한
# 페이스북 픽셀 설치 가이드

**acebook** 픽셀로 광고를 측정하고 최적화해보

효과적인 광고를 만드는 데 사용할 수 있는 페이지 조회, 버
보가 Facebook에 전달됩니다. 더 알아보기.

이민규님의 픽셀

웹사이트 URL을 입력하세요(선택 사항)

에 픽셀을 두 개 이상 추가하려면 비즈니스 관리자로 업그르

|즈니스 도구 약관.에 동의하게 됩니다

있습니                Facebook은 웹사이트의 전환
정해보                을 위한 기능성이 높

# 페이스북 픽셀 설치 가이드 (1) - 블로그

## 떠넘기거나, 직접 하거나, 직접 하거나!

페이스북 픽셀의 중요성과 역할 및 활용에 대한 내용은 앞에서 설명했다. 이제 이 중요한 픽셀을 어떻게 웹사이트에 적용 하는지에 대해 알아볼 차례다. 페이스북 픽셀을 설치하는 방법은 3가지 이지만 실질적으로는 2가지다. 떠넘기거나, 직접 하거나!

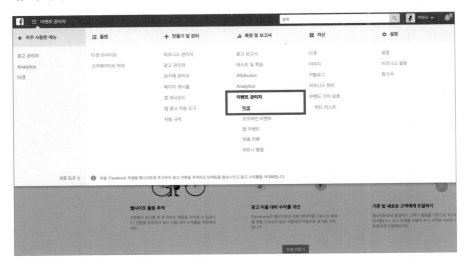

먼저, 페이스북 픽셀이라는 것이 어떻게 생긴 것인지 확인해 보자. 페이스북 광고 관리자 화면에서 좌측 상단 메뉴 버튼을 누르고 [이벤트 관리자 〉 픽셀]을 클릭한다.

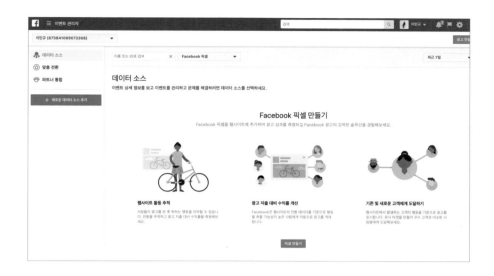

다음과 같은 화면이 나타나면 바로 [픽셀 만들기] 버튼을 클릭한다.

이어서 픽셀 이름을 입력하게 되는데, 이 때는 관리의 용이함을 위해 비즈니스
이름 또는 브랜드 이름을 기입하는 것이 좋다. 웹 사이트 URL의 경우 입력은 선택
사항이며, 입력하지 않더라도 진행에는 문제가 없다. 만약 추후 하나의 페이스북

계정에서 또 다른 픽셀을 발급하고자 하는 경우라면 '비즈니스 관리자'로 업그레이드 하면 된다.

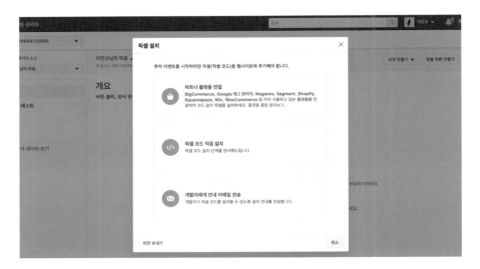

여기까지 왔다면 선택의 시간이다. 위와 같이 3가지 옵션이 나오는데, 이 중 가장 추천하고 싶은 방법은 바로 가장 아래 [개발자에게 안내 이메일 전송] 이다. 이 항목을 클릭하고 개발자의 이메일 주소만 입력하면 픽셀의 모든 정보가 발송 되며, 거의 대부분의 능력있는 개발자 분들께서 5분도 되지 않는 노력으로 픽셀 설치를 완료해 줄 것이다.

하지만 안타깝게도 함께하는 개발자가 없는 경우, 위 옵션은 무용지물이 된다. 이 때 부터는 우리가 직접 픽셀을 설치할 수 밖에 없다. 이제 두 번째 옵션인 [픽셀 코드 직접 설치] 항목을 눌러 보자.

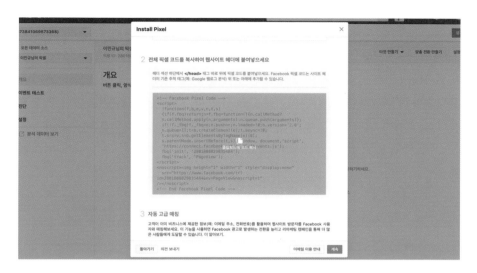

　자바 스크립트에 대한 이해가 없다면 외계어처럼 보일 수 있는 페이스북 픽셀을 확인할 수 있다. 이해할 수 없는 문자열이 잔뜩 나열된 것이 바로 페이스북 픽셀이다. 파란색 영역을 클릭하면 해당 픽셀이 복사가 되고, 이것을 웹사이트의 헤더 영역에 붙여넣으면 된다. 여기서 헤더 영역이라 함은 보유한 웹사이트의 모든 영역에 공통으로 적용되는 부분을 말한다. 헤더 영역에 해당 페이스북 픽셀을 설치하면 웹사이트 모든 영역에 설치가 되는 것이다. 집으로 비유를 하자면 두꺼비집과 같은 곳이라 보면 되겠다.

　카페24, 메이크샵, 고도몰, 윅스, 워드프레스 등과 같이 웹사이트 제작 솔루션을 사용하지 않았다면 구조가 모두 다르기에 페이스북 픽셀 설치 방법 역시 제각각이다. 때문에 티스토리 블로그를 통해 페이스북 픽셀 설치 과정에 대한 이해를 돕고자 한다.

## 티스토리 블로그에 페이스북 픽셀 설치하기

티스토리는 구글 SEO에 최적화 되어 있으면서 html 편집이 가능해 다양한 용도로 활용 가능한 대표적인 블로그이다. 범용성이나 접근성 측면에서는 네이버 블로그와 브런치가 더 매력적이지만 스크립트 삽입 등의 커스터마이징이 불가능 하다는 단점이 있다. 반면 워드프레스는 간단한 블로그 용도 만으로 사용하기에는 너무 무겁고 어렵다. 때문에 이 중간의 용도로서 많이 사용 되는 것이 티스토리 블로그이다.

티스토리 블로그를 개설한 후 [관리 〉 꾸미기 〉 스킨 편집] 으로 이동한 후 우측에 보이는 [html 편집] 버튼을 눌러 위와 같은 화면이 나오는지 확인하자.

　여기서 〈head〉와 〈/head〉 사이에 복사한 페이스북 픽셀을 넣어주면 설치가 완료된다. 페이스북에서는 〈/head〉 바로 위에 페이스북 픽셀을 삽입하도록 권장하고 있다. 〈/head〉 위에 여백을 만들어 준 뒤 복사한 페이스북 픽셀을 붙여넣기 해주자.

## 페이스북 픽셀 설치 가이드 (2) - 워드프레스

### 워드프레스에 페이스북 픽셀 설치하기

최근에는 페이스북 픽셀을 포함해 구글 태그 매니저, 구글 애널리틱스, 구글 광고와 같은 마케팅 도구가 활성화 되다 보니, 대부분의 웹사이트 솔루션들은 이러한 스크립트 설치 작업을 편리하게 만들어 놨다. 대표적인 웹사이트 솔루션 중 하나인 워드프레스 역시 개발이나 코딩에 대한 지식이 없어도 페이스북 픽셀 설치가 가능하도록 했다.

워드프레스에 페이스북 픽셀을 설치하기 위해 잠시 앞에서 확인한 화면으로 돌아오자. 여기서 파트너 플랫폼을 클릭한다.

보이는 항목 중에서 워드프레스 로고를 확인하고 클릭한다. 워드프레스 외에도 로고들이 보이는 것 처럼 이 방법을 활용하면 윅스, Google 태그 관리자, HubSpot, Shopify 등 다양한 플랫폼에 쉽게 설치가 가능하다.

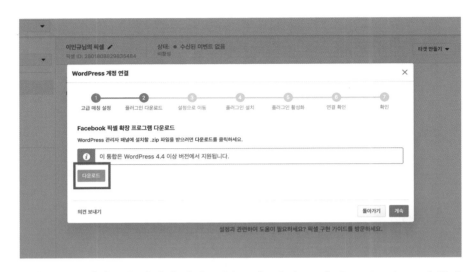

다음으로 페이스북 안내에 따라 [계속] 버튼을 누른 후 [Facebook Pixel 확장 프로그램]을 다운로드 한다.

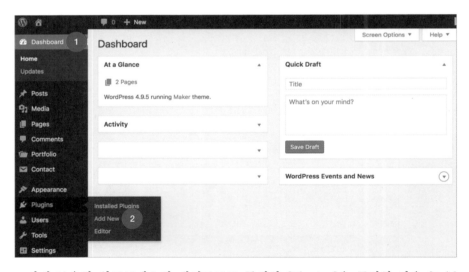

이제 보유한 워드프레스의 대시보드로 들어와 [Plugins]을 클릭한 다음 [Add New]를 클릭한다.

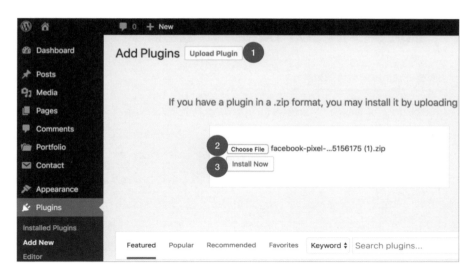

다운로드 받은 [Facebook Pixel 확장 프로그램]을 업로드 하고 [Install] 버튼을 누른다.

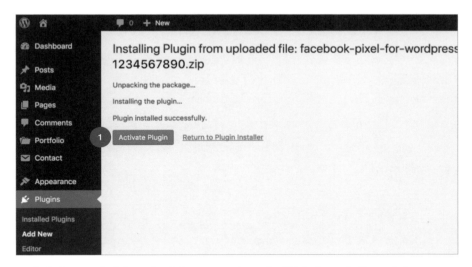

마지막으로 설치가 끝난 뒤 [Activate Plugin] 버튼을 누르면 완료 된다.

# 페이스북 픽셀 설치 가이드 (3) - 쇼핑몰

## 쇼핑몰에 페이스북 픽셀 설치하기

국내에서 가장 활발하게 사용 되는 온라인 쇼핑몰에는 크게 4가지 종류가 있다. 스마트스토어, 카페24, 메이크샵, 고도몰까지. 이 중 스마트스토어를 제외하고는 모두 페이스북 픽셀의 설치가 가능하다. 개인이 직접 페이스북 픽셀을 설치하는 경우라면 쇼핑몰이 아마 가장 간편하고 쉬울 것이다. 거의 대부분의 쇼핑몰들이 페이스북 픽셀을 활용해 광고를 집행하다 보니, 쇼핑몰 솔루션 업체 역시 사용자들을 위해 가장 쉬운 방법으로 설치가 가능하도록 했다.

먼저 페이스북 광고 관리자로 돌아와 [이벤트 관리자 〉 픽셀]에서 픽셀 ID를 확인하자. 쇼핑몰 솔루션에 페이스북 픽셀을 설치할 때는 위의 방법처럼 자바스크립트가 아닌 픽셀 ID를 사용한다. 페이스북 픽셀 ID는 15~16자리의 숫자로 구성되어 있다. 이 번호를 복사해 각 쇼핑몰 솔루션 설정에서 붙여넣기 하면 된다.

### • 카페 24

쇼핑몰 관리자의 [상점관리 〉 마케팅 제휴서비스 〉 페이스북 〉 픽셀 설정] 으로 이동한다. 페이스북 픽셀 설정 항목을 '사용함'으로 선택하고 페이스북 픽셀 ID를 입력한 뒤 '저장' 버튼을 누르면 완료된다. 카페 24의 경우 위의 작업만 완료하면, 뒤에서 설명할 이벤트 픽셀의 추가 작업이 없어도 7가지 항목의 이벤트 픽셀이 자동 적용 된다.

- 공통페이지 (Page View)
- 상품 상세 페이지 (View Content)
- 상품 검색 페이지 (Search)
- 장바구니 페이지 (AddToCart)
- 주문서 작성 페이지 (InitiateCheckout)
- 주문 완료 페이지 (Purchase)

    – 회원가입 완료 페이지 (CompleteRegistration)

**· 메이크샵**

마찬가지로 다음과 같은 경로를 통해 이동한다. [메이크샵어드민 〉 마케팅센터 〉 전체보기 〉 페이스북마케팅] 이후 스크롤을 내려 하단에 보면 페이스북 픽셀 ID를 입력하는 곳이 보인다. 복사한 픽셀을 붙여넣기만 하면 완료.

**· NHN고도몰**

고도몰의 경로는 다음과 같다. [관리자 페이지 〉 마케팅 〉 SNS/바이럴광고 〉 페이스북 광고 설정] 해당 경로에서 '페이스북 광고 설정 사용'을 '사용함'으로 선택하고, 페이스북 픽셀 ID를 입력하면 된다. 추가적으로 아래 '페이스북 픽셀 코드 설정' 항목에 상품 조회, 장바구니 담기, 구매 등의 이벤트 픽셀까지 설치가 가능하니 모두 체크해 주는 것이 좋다.

# 페이스북 픽셀 설치 가이드 (4) - 구글 태그 매니저 활용하기

## 구글 태그 매니저, 꼭 써야 할까?

지금부터 설명할 방법은 위에서 설명한 3가지 방법 등을 통해 페이스북 픽셀을 설치했다면 굳이 필요하지 않은 방법이다. 다만 이 책의 뒷 부분에서 설명하게 될 디지털 마케팅 및 리마케팅 고도화 작업을 도입하고자 한다면 적극 추천하는 방법이다. 페이스북 픽셀 설치 내용과 방법을 조금이나마 이해했다면 앞으로의 내용 역시 매우 쉽게 다가올 것이다. 페이스북 픽셀을 사이트에 설치한 것과 거의 동일한 방법으로 구글 태그 매니저의 스크립트를 설치하는 것이 기본이기 때문이다. 그렇다면 구글 태그 매니저는 무엇인지, 어떤 기능이 있는지에 대해 조금 더 자세히 알아보자.

구글 태그 매니저는 페이스북 픽셀과 같이 웹사이트나 App에 설치하는 각종 태그 및 자바스크립트의 스니펫을 간편하게 관리할 수 있는 도구이다. 처음 듣는 어려운 용어가 나와도 당황하지 말자. 예를 들어, 우리가 마케팅 성과를 높이기 위해 사이트에 방문한 고객을 대상으로 지속적으로 광고를 노출시키는 리마케팅을 진행한다고 가정하자. 쇼핑몰에서 상품을 본 후 계속 나를 따라다니는 광고를 떠올리면 된다. 이를 위해서는 페이스북 픽셀이나 구글 광고의 리마케팅 추적 스크립트 같은 각종 코드가 웹사이트에 설치 되어야 한다. 하지만 개발 지식이 부족한 상태에서 사이트의 스크립트를 수정하다 보면 명령어가 충돌하는 등의 여러가지 오류가 발생할 수 있고, 개발자가 없는 경우라면 이러한 스크립트의 설치 자체가 어려울 것이다. 구글 태그 매니저를 활용하면 이러한 문제점들을 상당 부분 해결할 수 있다.

## 디지털 마케터의 강력한 무기

물론 구글 태그 매니저 역시 다른 마케팅 도구의 스크립트 처럼 설치가 필요하다. 하지만 단 한 번의 설치 만으로 이후 설치가 필요한 모든 스크립트를 편리하게 관리할 수 있다는 점 가장 큰 핵심이다.

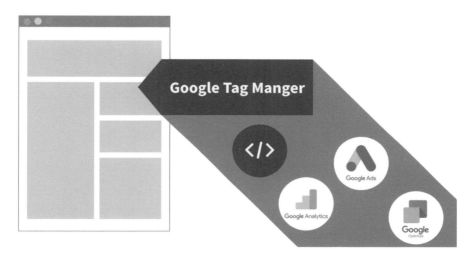

구글 태그 매니저가 없는 경우라면 필요한 모든 스크립트는 웹 사이트 또는 모바일 앱에 직접 하드 코딩을 해야 한다. 사이트나 App에서 데이터를 트래킹 하거나 변화를 주기 위해서는 개발자 또는 개발 지식이 필요하다는 것이다. 하지만 구글 태그 매니저를 사용한다면 자바 스크립트 및 개발 지식에 대해 많은 지식이 필요하지 않다. 위에 보이는 것처럼 일단 구글 태그 매니저를 웹 사이트에 설치하게 되면 추후 설치가 필요한 각종 스크립트 작업은 구글 태그 매니저를 통해서 가능해진다.

보통 구글 태그 매니저를 구글 애널리틱스를 보다 더 잘 활용하기 위한 도구 정도로만 이해하는데 사실은 그렇지 않다. 구글 태그 매니저는 구글 애널리틱스와 별개로 웹이나 앱의 태그 및 스크립트를 관리하기 위한 도구로서 충분한 가치를 가진다. 본인의 경우 사이트에 고객 상담 실시간 채팅 서비스를 도입해 전환율을 상승시킨 사례가 여러 있는데, 그 때 역시 구글 태그 매니저를 활용해 아주 간단하게 서비스를 도입하곤 했다. 더불어 구글 태그 매니저는 디지털 마케팅을 집행하는 모든 이들에게 있어 다음과 같은 이점을 줄 수 있다.

### • 개발자의 도움 없이 가능한 각종 마케팅 도구의 적용

앞서 설명한 것과 같이 디지털 마케팅을 진행하다 보면 다양한 마케팅 툴을 활용하기 위해 스크립트를 설치하는 경우가 발생한다. 이 때 개발자가 없는 경우, 스크립트의 설치가 어렵기 때문에 효율적인 디지털 마케팅의 구현이 어려울 수 있다. 하지만 구글 태그 매니저를 활용한다면 개발자의 도움 없이 직접 다양한 스크립트의 설치가 가능하다.

### • 보다 정교하고 정확한 사용자 행동 추적 및 분석

구글 애널리틱스나 페이스북 애널리틱스는 디지털 마케팅에서 사용자 행동 및 마케팅 성과 측정을 위해 주로 사용하는 분석 도구이다. 하지만 웹사이트의 경우 사용자의 행동이 페이지의 이동 단위로 측정 되기 때문에 버튼 클릭이나 영상 재생 및 스크롤 깊이와 같은 정교한 분석은 어렵다. 이 때 역시 구글 태그 매니저를 함께 활용한다면, 보다 정교한 사용자의 행동을 추적하고 분석할 수 있다.

### • 사용자 행동에 따른 리마케팅 고도화

이렇게 보다 정교하게 추적된 사용자의 행동은 단순히 분석 데이터로만 보여지고 끝나지 않는다. 구글 태그 매니저로 추적된 사용자의 행동을 기반으로 구글 및 페이스북 광고를 연동하면 특정 행동 사용자 집단을 대상으로 마케팅이 가능하다. 예를 들어 무료 E-book 콘텐츠 다운로드 버튼을 클릭한 사람들에게만 특정 광고를 집행 한다거나, 사이트에 임베드 된 유튜브 영상을 70% 이상 시청한 사람들에게만 광고를 집행할 수 있다.

## 구글 태그 매니저로 페이스북 픽셀 설치하기

페이스북 광고에 대한 얘기를 이어가다 구글 태그 매니저가 나오다 보니, 이에 대한 이해를 돕기 위해 설명이 길어졌다. 다시 본론으로 돌아와 구글 태그 매니저를 이용해 페이스북 픽셀을 설치해 보자. 구글에서 구글 태그 매니저를 검색하거나 tagmanager.google.com을 입력해서 사이트에 들어간다. 구글 계정으로 로그인 된 상태라면 바로 [계정 만들기] 버튼을 눌러 계정을 생성할 수 있다.

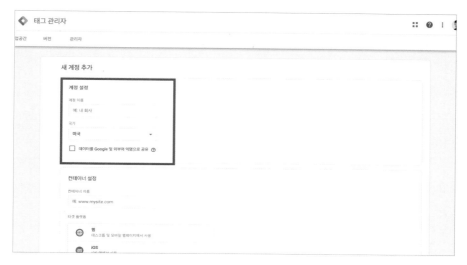

계정 이름은 관리자가 인식하기 쉽도록 회사명 또는 브랜드명으로 설정하는 것이 좋고, 국가는 서비스 국가를 기준으로 설정한다.

이어서 컨테이너를 설정하는 영역이다. 컨테이너는 스크립트를 담아내는 그릇이라고 이해하면 좋다. 앞서 구글 태그 매니저를 한 번 설치하면 추가적인 스크립트를 설치할 때 구글 태그 매니저를 이용한다고 했는데, 지금 만들어 놓는 그릇(컨테이너)에 추가로 설치할 스크립트가 담겨지는 구조인 것이다. 컨테이너의 이름은 웹사이트의 URL 등으로 입력하는 것이 보다 직관적이다.

이어 타겟 플랫폼을 보면 웹, iOS, Android, AMP 등의 항목이 보인다. 다소 생소한 AMP(Accelerated Mobile Page)에 대해 짧게 설명하자면, 구글에서 개발한 모바일웹 제작 솔루션으로 기존 보다 빠르게 로딩 되는 것이 가장 큰 특징이다. AMP로 제작된 모바일웹 페이지에 구글 태그 매니저를 설치하는 것은 일반적인 웹사이트에서의 방법과 비교해 조금의 차이점이 있기에, 먼저 웹사이트에 설치하는 방법을 설명한 후 알아보도록 하자. 나머지 iOS와 Android는 잘 알다시피 모바일 App에 태그 매니저를 설치하는 방법이다. 이 때는 Firebase SDK라는 App 전용 도구를 이용하게 되며, 사실상 여기서부터는 개발 지식이 없는 마케터가 접근하기 어려운 영역이 된다. 따라서 이 책에서는 웹 플랫폼을 선택해 웹사이트에 구글 태그 매니저를 설치하는 방법에 대해 알아본다.

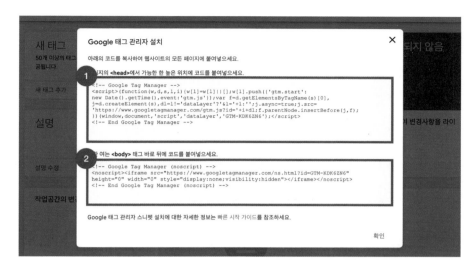

웹 플랫폼을 선택하면 페이스북 픽셀 스크립트 코드를 설치하는 과정과 동일하게 구글 태그 매니저의 스크립트 코드가 발급된다. 여기서 상단에 보이는 스크립트는 웹사이트 〈head〉에서 가능한 가장 높은 위치에 붙여넣어 주고, 아래 스크립트는 〈body〉 태그 바로 뒤에 붙여넣어 준다.

```
3
4  <head>
5
6    <!-- Google Tag Manager -->
7  <script>(function(w,d,s,l,i){w[l]=w[l]||[];w[l].push({'gtm.start':
8  new Date().getTime(),event:'gtm.js'});var f=d.getElementsByTagName(s)[0],
9  j=d.createElement(s),dl=l!='dataLayer'?'&l='+l:'';j.async=true;j.src=
10 'https://www.googletagmanager.com/gtm.js?id='+i+dl;f.parentNode.insertBefore(j,f);
11 })(window,document,'script','dataLayer','GTM-MDCHX9K');</script>
12   <!-- End Google Tag Manager -->
13
14   <meta charset="UTF-8">
15   <meta name="viewport" content="user-scalable=no, initial-scale=1.0, maximum-scale=1.0, minimum-scale=1.0, width=device-
     width">
16   <title>[##_page_title_##]</title>
17   <link rel="alternate" type="application/rss+xml" title="[##_title_##]" href="[##_rss_url_##]" />
18
19   <link rel="stylesheet" href="./style.css">
20   <link rel="stylesheet" href="./images/font.css">
21
22   <!--[if lt IE 9]>
23   <script src="//t1.daumcdn.net/tistory_admin/lib/jquery/jquery-1.12.4.min.js"></script>
24   <![endif]-->
25   <!--[if gte IE 9]><!-->
26   <script src="//t1.daumcdn.net/tistory_admin/lib/jquery/jquery-3.2.1.min.js"></script>
27   <!--<![endif]-->
28 </head>
29
```

```
12  <!-- End Google Tag Manager -->
13
14    <meta charset="UTF-8">
15    <meta name="viewport" content="user-scalable=no, initial-scale=1.0, maximum-scale=1.0, minimum-scale=1.0, width=device-width">
16    <title>[##_page_title_##]</title>
17    <link rel="alternate" type="application/rss+xml" title="[##_title_##]" href="[##_rss_url_##]" />
18
19    <link rel="stylesheet" href="./style.css">
20    <link rel="stylesheet" href="./images/font.css">
21
22    <!--[if lt IE 9]>
23    <script src="//t1.daumcdn.net/tistory_admin/lib/jquery/jquery-1.12.4.min.js"></script>
24    <![endif]-->
25    <!--[if gte IE 9]><!-->
26    <script src="//t1.daumcdn.net/tistory_admin/lib/jquery/jquery-3.2.1.min.js"></script>
27    <!--<![endif]-->
28  </head>
29
30  <body id="[##_body_id_##]">
31
32    <!-- Google Tag Manager (noscript) -->
33  <noscript><iframe src="https://www.googletagmanager.com/ns.html?id=GTM-MDCHX9K"
34  height="0" width="0" style="display:none;visibility:hidden"></iframe></noscript>
35    <!-- End Google Tag Manager (noscript) -->
36
37  <s_t3>
```

위와 같이 구글 태그 매니저 스크립트를 설치하면 1차적인 준비가 완료 된다.
AMP 페이지에 구글 태그 매니저를 설치하는 경우도 위와 동일한 과정을 거치게
된다. 다만 웹에서는 〈head〉의 가장 상단에 붙여넣었던 코드를 가장 끝, 가능한
〈/head〉 바로 위쪽에 붙여넣어 주는 것 정도의 차이가 있다.

이제 다음으로 할 작업은 구글 태그 매니저의 컨테이너(그릇)에 페이스북 픽셀
을 담는 작업이다. 사실 이 부분은 작업이라 말하기 어려울 정도로 자동화가 잘 되
어 있다. 페이스북 광고 관리자 화면에서 [이벤트 관리자 〉 픽셀]을 선택해 보자.

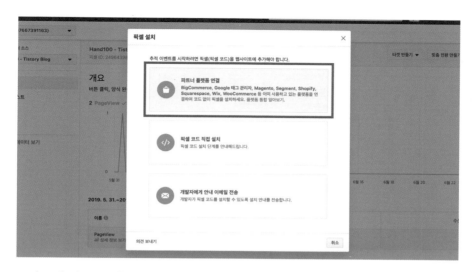

새롭게 만드는 경우 [픽셀 만들기]를, 이미 있는 경우라면 [픽셀 설정]을 누르면 익숙한 화면이 보인다. 여기서 [파트너 플랫폼 연결] 항목을 클릭한다.

여러 파트너 항목 중 [Google 태그 관리자]를 선택한다. 만약 구글 계정으로 로그인이 되어 있는 상태라면 약간의 로딩이 진행될 것이고, 그렇지 않다면 구글 계정 로그인이 필요하다.

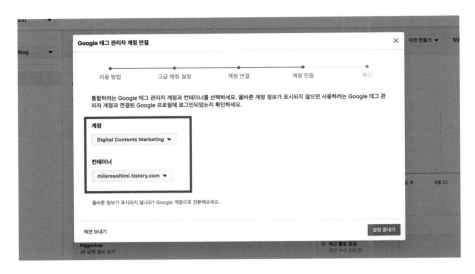

구글 계정과 연동이 완료되면 구글 태그 매니저에서 설정한 계정과 컨테이너 항목이 보여진다. 연동하기 원하는 계정과 컨테이너를 설정하고 [설정 끝내기] 버튼을 누르면 모든 작업이 완료 된다. 페이스북 픽셀을 직접 설치할 수 있는 정도의 수준이라면 구글 태그 매니저를 이용해 픽셀을 설치하는 것 또한 별반 다르지 않다. 디지털 마케팅을 진행하다 보면 페이스북 픽셀 외에도 여러 스크립트를 설치하는 경우가 많기 때문에 지금과 같이 태그 매니저를 적극 활용하는 방법을 권장한다.

# 정확한 추적과 활용을 위한 페이스북 이벤트 픽셀 설치 가이드

## 이벤트 픽셀 설치의 중요성 이해하기

페이스북 픽셀 설치가 완료 되었다면 페이스북 광고의 성과부터 시작해 사이트 방문자 수와 페이지뷰, 인구통계정보 등 기본적이면서도 필수적인 데이터 확인이 가능하다. 여기까지 왔다면 절반 정도 진행이 된 것이다. 페이스북 픽셀 설치 만으로도 필요한 모든 데이터를 볼 수 있고, 성과를 내기 위한 대부분의 마케팅이 가능하다. 하지만 여기서 멈추면 2부를 시작하는 의미가 없다. 한 걸음 더 나아가기 위해 이벤트 픽셀의 중요성과 역할에 대해 알아보자.

일반적으로 웹에서 발생하는 데이터 추적과 분석은 웹페이지 상의 이동 기반으로 이해된다. 고객이 회원가입 완료 페이지에 도달했다면, 회원가입이 1회 발생했다고 인식하는 것이다. 하지만 이러한 방식의 추적과 분석에는 큰 한계가 있다. 고객은 웹사이트 상에서 버튼을 클릭하고 페이지의 스크롤을 내리고, 동영상을 재생하는 등 수많은 상호작용을 하게 되는데, 이에 반해 우리가 알 수 있는 정보는 극히 일부분이기 때문이다. 예를 들어, 개인정보를 입력하고 버튼만 누르면 알림창이 나타나고 끝나는 경우와 같이 완료 페이지가 없거나, 사이트 내에서 고객이 어떤 키워드를 검색했는지 등의 세부적인 정보는 파악할 수 없는 것이다. 따라서 우리는 보다 더 세분화된 고객의 행동을 추적하기 위해서 이벤트 픽셀을 설치해야 한다.

이제부터 등장 하게 될 이벤트라는 단어는 우리가 참여를 통해 경품을 받는 이벤트로 이해하지 말자. 고객이 웹사이트나 App 상에서 일으키는 '행동'이라고 보면 되겠다. 당연하게도 이벤트의 종류는 매우 다양할 것이고, 페이스북에서는 이러한 이벤트를 특성에 따라 카테고리로 정의를 해두었다. 직접 이벤트 픽셀을 설치하는 과정을 통해 확인해보자.

## 날이 갈수록 친절해지는 페이스북

앞서 기본적인 페이스북 픽셀 설치를 완료 했다면 현재 웹사이트의 모든 웹페이지에는 표준 페이스북 픽셀이 설치된 상태이다. 여기서 이벤트를 추적하기 위해서는 추적하고 싶은 이벤트의 스크립트를 추적하고자 하는 웹페이지에 설치하면 된다. 예를 들어 결제 시작 버튼 클릭을 추적하고 싶다면 결제 시작 버튼이 위치한 페이지의 버튼의 HTML 요소에 이벤트 스크립트를 설치하는 작업인 것이다.

당연히 이러한 작업에는 기본적인 스크립트 및 소스 코드와 같은 개발 지식이 필요할 것이고, 이 때문에 구글 태그 매니저를 활용해 작업을 진행하는 방식이 사용됐다. 하지만 더 이상 걱정과 두려움은 버려도 좋다. 지금까지 설명한 일련의 작업들을 매우 쉽게 진행할 수 있도록 페이스북에서 이벤트 설정 도구를 개발했기 때문이다. 이제 우리는 페이스북 이벤트 설정 도구를 사용해 내가 추적하고 싶은 이벤트가 어떤 것인지 선택만 하면 된다. 어떠한 방식으로 구현 되는지 직접 설치해 보며 확인해 보자.

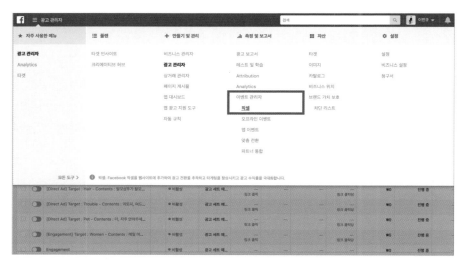

먼저 광고 관리자의 메뉴 버튼을 눌러 [이벤트 관리자 > 픽셀]로 이동하자.

설치된 페이스북 픽셀을 선택한 후 위와 같이 보이는 화면 우측 상단에서 [설정] 버튼을 누르고 [새 이벤트 설정]을 클릭한다.

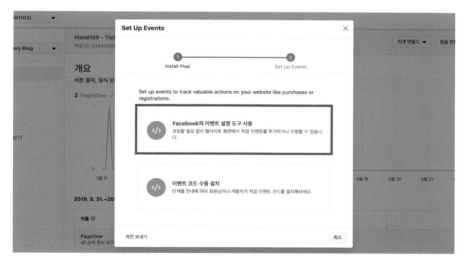

그러면 다음과 같이 두 가지 항목이 나오는데 여기서 상단의 [Facebook의 이벤트 설정 도구 사용]을 선택한다. 하단에 있는 [이벤트 코드 수동 설치]는 앞서 말한 과거의 방식으로 추적하고자 하는 이벤트 페이지의 소스 코드를 열어 직접 이벤트 픽셀 코드를 설치하는 방식이다. 이 방법 외에도 구글 태그 매니저를 사용하는 방법이 있겠으나, 열심히 노력해 준 페이스북 덕에 훨씬 쉬운 방법이 생긴 것이다. 따라서 이 방법은 정말 필요로 하거나, 개발 역량을 보유한 상황에서만 진행하는 것을 권장한다.

이제 추적하고자 하는 이벤트가 있는 페이지의 URL을 입력하고 [웹사이트 열기] 버튼을 클릭한다. 만약 사이트에서 [장바구니 담기] 버튼 클릭을 추적하고자 한다면 해당 페이지의 URL을, 구매 완료 페이지를 추적하고 싶다면 해당 페이지의 URL을 입력하면 된다.

입력한 URL과 함께 팝업창이 나타나게 되면 [새 버튼 추적]과 [URL 추적] 항목이 나타난다. [새 버튼 추적]은 말 그대로 버튼 클릭을 추적하는 이벤트 설정이고,

[URL 추적]은 해당 페이지 도착을 추적하는 것을 뜻한다. 먼저 [새 버튼 추적] 버튼을 눌러 보자.

해당 버튼을 누르면 웹페이지에서 버튼 클릭 이벤트로 추적 가능한 영역이 표시된다. 이 중에서 추적하고자 하는 버튼을 클릭하면, 선택한 버튼 클릭 이벤트를 어떻게 정의를 내릴 것인지 선택하게 된다. 항목들을 살펴보며 버튼 클릭의 의미와 부합하는 항목만 선택하면 완료 된다.

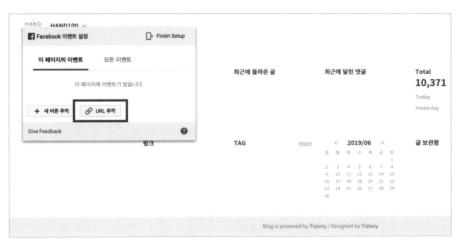

이어서 [URL 추적] 항목을 선택해 차이를 살펴보자.

해당 버튼을 선택하면 현재 입력한 URL에 도착하는 것을 어떠한 이벤트로 정의 내리고 추적할 것인지 선택하게 된다. 마찬가지로 해당 웹페이지가 결제 시작 페이지거나, 콘텐츠 조회 페이지라고 한다면 적합한 이벤트 항목을 선택하면 된다.

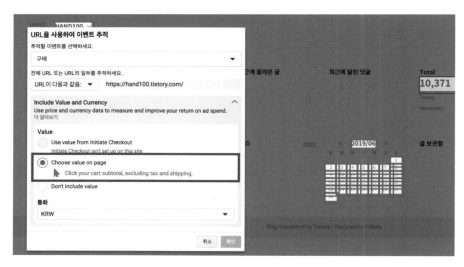

다만 구매와 같은 경우에는 추가적인 선택이 필요기도 하다. 만약 구매 완료 페이지 URL을 입력하고 [URL 추적] 버튼을 눌러 구매 이벤트 유형 추적을 선택하게 되면 위와 같은 옵션이 나타난다. 이 때는 [Choose value on page] 항목을 선택한 다음 세금과 배송료가 제외된 총 합계 금액이 나타나 있는 숫자 영역을 선택하면 된다.

## 이벤트 발생 데이터 확인하기

이것으로 고객의 행동을 보다 더 정확하게 추적하는 이벤트 설정은 모두 끝났다. 힘들게 설정한 이 데이터는 어디서 확인하고 어떤 용도로 사용할 수 있을까? 먼저 이벤트 데이터를 확인하는 영역을 알아보자.

광고 관리자의 메뉴 버튼을 눌러 [측정 및 보고서] 탭의 [Analytics]를 클릭해 보자.

운영 중인 픽셀을 클릭해 보면 다음과 같은 리포트 화면을 볼 수 있다. 여기서 좌측 [이벤트] 항목을 클릭하게 되면 우리가 측정하고자 하는 이벤트 유형과 함께 발생한 데이터를 확인할 수 있다. 위와 같은 데이터는 해당 이벤트의 발생 추이와 함께 사이트 내 고객 전환경로 설계를 위해 매우 유용하게 참고할 수 있는 데이터가 된다. 갑자기 특정 이벤트의 발생 추이가 급락하거나 급증할 경우 원인 파악을 통해 개선 및 확대 전략을 모색해 볼 수 있다.

또한 해당 데이터는 광고의 성과를 측정하고 판단하는 데 있어 매우 도움이 된다. 어떠한 광고 캠페인을 통해서 유입된 사용자의 이벤트 발생률이 높은지 파악해 광고 캠페인의 예산을 재 분배 할 수도 있고, 성과가 떨어지는 광고 캠페인의 크리에이티브를 수정하거나 랜딩 페이지를 수정하는 방법을 통해 성과를 최적화 할 수도 있다.

이벤트 데이터를 활용한 광고 캠페인의 성과를 측정하기 위해서 광고 관리자 화면으로 이동해 보자. 운영 중인 광고 리포트가 보이면 우측 [성과] 드롭다운 버튼을 눌러 [열 맞춤 설정]을 클릭한다.

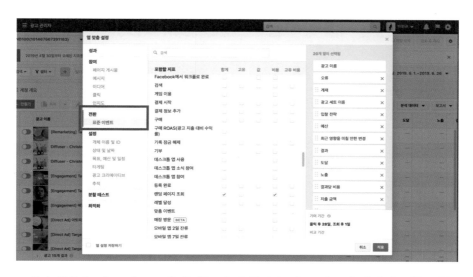

해당 항목은 광고 리포트에 원하는 측정 항목을 넣고 빼고 수정할 수 있는 기능이다. 여기서 왼쪽에 보이는 [전환 〉 표준 이벤트] 카테고리에서 보이는 지표들중 측정하고 싶은 이벤트 항목을 선택하면 광고 리포트에 반영 된다. 이러한 작업이 완료되면 광고 성과를 측정할 때 CTR(클릭률), CPC(클릭당 단가)와 같은 광고 크리에이티브 수준을 넘어 해당 광고로 유입된 사용자의 품질까지 파악할 수 있다.

# 페이스북 픽셀 및 구글 스크립트 설치 확인하기

### 디지털 마케터에게 크롬 브라우저는 필수!

내가 과연 페이스북 픽셀을 제대로 설치한 것이 맞을까? 이렇게 열심히 작업을 했는데도 설치가 제대로 안되었다면? 개발 지식 없어도 페이스북 픽셀 설치가 가능하다고 했지만, 정작 제대로 설치가 되었는지 확인할 수 없다면 매우 골치 아픈 상황일 것이다. 때문에 작업이 완료 됐다고 안심하기 전에 아주 간단한 추가 작업을 통해 내가 설치한 페이스북 픽셀 또는 구글 태그 매니저가 제대로 작동하고 있는지 확인해 보자.

먼저 가장 중요한 것은 페이스북 광고 운영 및 픽셀 설치 등의 모든 과정은 크롬 브라우저를 이용하는 것이 가장 안전하며, 다른 브라우저를 사용할 경우 더 이상 진행이 되지 않는 경우도 있다. 더불어 픽셀의 작동여부 확인 역시 크롬을 통해서 확인이 가능하다.

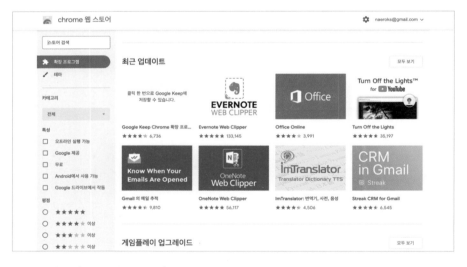

구글에서 '크롬 웹 스토어'를 검색하고 링크를 따라가 보면 크롬 브라우저에 확장 프로그램을 설치할 수 있는 웹 스토어를 볼 수 있다. 여기서 검색창에 '페이스북 픽셀 헬퍼'를 검색해 보자. 한글, 영문 어떻게 검색해도 좋다.

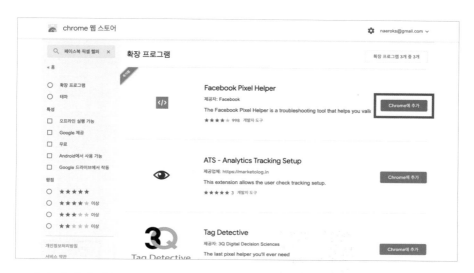

가장 상단에 있는 Facebook Pixel Helper를 [Chrome에 추가] 버튼을 눌러 설치하자. 따로 비용이 발생하지 않으니 걱정 없이 설치해도 좋다.

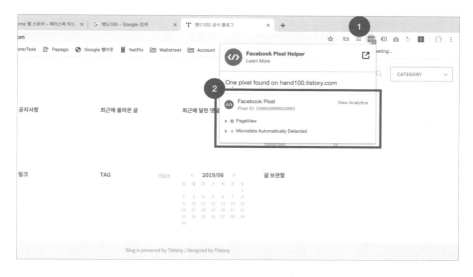

확장 프로그램 설치가 완료되면 1번과 같이 크롬 주소창 우측으로 아이콘이 보일 것이다. 페이스북 픽셀이 설치된 사이트로 돌아와 보면 해당 아이콘이 활성화된 것이 보일 것이다. 아이콘을 클릭해 보면 2번 영역에서 페이스북 픽셀이 읽어들이는 데이터까지 확인이 가능하다. 이벤트 픽셀까지 확인해 보고 싶다면 회원가입 버튼을 클릭한 뒤 페이스북 픽셀 헬퍼 아이콘을 클릭해 2번 영역에서 해당 이벤트 데이터가 발생했는지 확인하면 된다.

동일한 방법으로 구글 태그 매니저, 구글 애널리틱스 및 구글 광고 등의 스크립트 설치 여부도 확인이 가능하다. 크롬 웹 스토어에서 '태그 어시스턴트'를 검색해 보자.

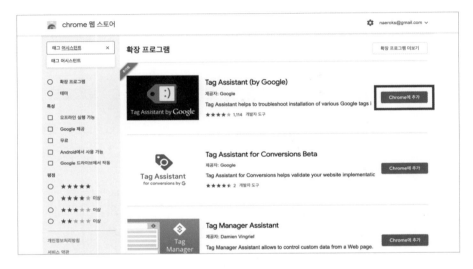

마찬가지로 해당 확장 프로그램을 [Chrome에 추가] 버튼을 눌러 설치해 준다.

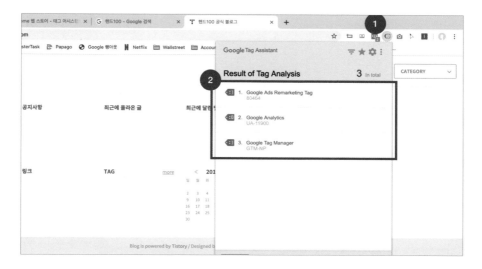

　설치가 완료되면 주소창 우측에 아이콘이 보여지고, 동일한 방법으로 태그가 설치된 사이트로 돌아오면 활성화 된다. 아이콘을 클릭하면 사이트에 설치된 각종 태그를 볼 수 있다.

　한 가지 재미있는 점은 페이스북 픽셀 헬퍼와 태그 어시스턴트가 설치를 통해 우리가 보유한 사이트 외에도 방문한 모든 사이트의 픽셀 및 태그를 확인할 수 있다는 것이다. 경쟁사는 어떤 마케팅 도구를 사용하고 있는지 궁금하다면 픽셀 헬퍼와 태그 어시스턴트를 설치하고 경쟁사의 사이트를 찾아가 보자!

## PART 07

# 맞춤 타겟과 유사 타겟을 활용한 디지털 마케팅 전략

# 디지털 마케팅의 핵심, 타겟팅과 리마케팅에 대해 알아보자

**돈이 많다면 고민할 필요도 없다.**

서비스를 알리고 홍보해야 하는 마케터에게 광고라는 도구는 매우 강력한 동시에 많은 고민이 들게 한다. 바로 비용의 한계 때문이다. 충분한 예산을 보유하고 있는 경우라면 마케팅 방법에 있어 별다른 고민이 필요하지 않을 수 있다. TV와 같은 매스미디어를 활용해 광고를 집행하면 된다. 비록 불특정 다수에게 노출되고 당장의 잠재고객이 아닐 수도 있을지언정 효과 만큼은 확실하기 때문이다. 하지만 대부분의 기업은 자원과 비용에 한계를 갖고 있고, 그렇기 때문에 항상 선택과 집중이라는 문제에 직면하고 있다.

디지털 마케팅에서는 이러한 고민을 해결해 줄 방법이 바로 타겟팅이다. TV 광고와 같이 불특정 다수에게 광고를 노출하면서 많은 비용이 소진하는 방법보다, 정확한 잠재고객을 찾아가 메시지를 전달함으로써 자원과 비용을 효율적으로 사용하는 방법이기 때문이다.

광고를 집행할 때 타겟팅을 적절하게 활용한다면 다음과 같은 효과를 볼 수 있다.

- 마케팅 비용의 절감
- 전환율 높은 고객 발굴
- 광고 효율성 증대

사실 위 세가지 효과는 하나의 맥락으로 이해할 수 있다. 타겟팅을 효율적으로 활용한다는 것은 불특정 다수가 아닌 잠재고객을 선별해 광고를 집행한다는 것이다. 때문에 광고 노출을 늘리는 것과는 별개로 선택과 집중을 할 수 있어 전반적인 마케팅 비용을 절감할 수 있다. 타겟팅은 가망성 높은 고객에게 광고를 집행하는 것이기 때문에 트래픽을 늘리지 않아도 전환율이 높은 잠재고객을 유입할 수 있어 마케팅의 성과 역시 뛰어나다. 더불어 정확한 타겟팅이 의미하는 것은 잠재 고객의 니즈와 관심사를 파악하고 있다는 것이기에 적합한 메시지를 전달할수만 있다면 광고의 효율성 역시 증대시킬 수 있다.

예를 들어 우리가 여성의류 쇼핑몰을 운영한다고 가정하고, 컨셉과 타겟은 20 대 후반에서 30대 중반의 직장인 여성을 대상으로 한 오피스룩 이라고 해보자. 이런 경우에는 단순히 서울에 사는 20~30 여성을 타겟팅 하는 것보다, 근무 시간에 맞춰 서울에서 직장인 밀집 지역인 여의도, 종로, 강남 등을 지역으로 타겟팅하고 직업 및 직책 등의 정보를 주임, 대리, 과장, 부장 등으로 설정한다면 효과적일 것이다. 여기에 추가적으로 광고 크리에이티브의 경우 '중요한 미팅이 있을 때 딱 맞는 오피스룩', '평범한 듯 평범하지 않은 데일리 오피스룩' 등의 메시지를 전달 한다면 적합한 타겟에게 적절한 메시지를 전달할 수 있게 되어 광고의 성과를 증 대시킬 수 있다.

### 우리의 고객은 잔소리가 필요하다.

페이스북이나 온라인 배너 광고를 보고 클릭한 뒤 바로 결제까지 해 본 경험이 얼마나 있는가? 광고를 집행하다 보면 알 수 있듯이 첫 클릭이 구매까지 이어지는 경우는 생각보다 많지 않다. 보통 마케팅 퍼포먼스를 측정할 때 즉각적인 결과만 을 보고 성과를 판단하는 경우가 많은데, 그럴 경우 마케팅 채널이 굉장히 협소해 지는 문제가 발생한다. 다시 말해 고객과의 접점이 최소화 된다는 것이다.

실제 한 브랜드의 경우, 본인이 마케팅 총괄로 부임하기 전까지 퍼포먼스가 즉각적으로 파악되고 성과가 좋다고 판단되는 광고 채널에만 집중하는 전략 을 취했다. 결국 해당 브랜드는 검색 광고에만 전력투구 하게 되었고, 그 결과 ROAS(Return On Ads Spending : 광고 투자 대비 수익률)가 급격하게 떨어지는 상황이 발생했다. 본인이 해당 브랜드를 맡고 나서 가장 먼저 한 일은 바로 리마 케팅이었고, 이로 인해 거짓말처럼 ROAS가 500% 가량 상승했다. 우리 브랜드를 인지하고 사이트를 방문한 고객들이 지금 당장 리드를 남기지 않고 떠났다고 해서 영원히 고객이 안되는 것은 아니지 않은가? 오히려 그러한 잠재고객들은 브랜드에 대한 인지도가 높고 니즈가 명확하기 때문에 지속적인 노출과 인지 작업을 통해 구매의욕을 상승시켜야 한다. 이렇게 이탈되는 잠재고객을 육성시켜 고객으로 전환시키는 것이 새로운 신규고객을 발굴하는 것보다 비용도 저렴할 뿐더러 효과적이다.

우리가 온라인에서 물건을 살 때를 생각해 보자. 예를 들어 맘에 드는 원피스가 있어 장바구니에 상품을 담아뒀는데, 월급날이 오지 않아 오매불망 기다리고 있는 고객이 있다고 가정하자. 월급날이 돌아와 통장 잔고가 채워지면 그 고객은 쇼핑몰에서 원피스를 바로 구매할까? 그럴 수도 있고, 아닐 수도 있다. 바로 구매를 한 고객은 다행이지만 그렇지 않은 고객들은 대부분 까먹고 시간이 지나 또 월급날을 기다리다 품절 공지를 보고 실망할 수도 있을 것이다. 이처럼 분명한 니즈가 있음에도 불구하고 여러가지 이유로 구매를 망설이는 고객이 있기 때문에 우리는 이러한 고객을 찾아가 제품 구매를 상기시키고 구매의욕을 고취시킬 수 있도록 잔소리를 해야 하는 것이다. 여러분도 아마 쇼핑몰을 나와도 계속 쫓아다니는 광고를 본 적이 있을 것이다. 이러한 광고가 바로 잔소리와 맥락을 같이 하는 광고이며 리마케팅이라고 통칭해서 부른다.

리마케팅의 성과는 이미 많은 데이터로 증명되어 있다. 당연하게도 이미 사이트에 방문한 고객들은 우리 브랜드에 대해 관심이 있고 인지가 된 상태의 고객임으로 구매로 이어질 확률이 높은 고객이다. 나아가 특정 상품 페이지를 조회했다는 것은 그 사람의 니즈와 관심 상품이 명확히 드러난 행동이다. 따라서 바로 구매로 이어지지 않더라도 이러한 행동을 보이고 이탈한 고객들을 포기하지 않고 계속해서 푸쉬를 통해 고객으로 전환되게 만드는 활동이 중요한 것이다.

이제 이러한 리마케팅 진행을 위해서 각각의 타겟팅을 어떻게 설정 하는지 알아보자.

# 맞춤 타겟 생성과 디지털 마케팅 전략(1) : 웹사이트 트래픽

## 사이트에 방문한 모든 잠재고객을 맞춤 타겟으로

본격적인 리마케팅 진행을 위해 타겟을 만들어 보자. 첫 번째 리마케팅의 타겟은 우리 사이트에 방문한 모든 사용자이다.

타겟을 만드는 경로는 광고 관리자 메뉴에서 [자산] 탭에 있는 [타겟] 항목을 클릭해서 이동한다.

이어서 [맞춤 타겟 만들기] 버튼을 누른다. 이 때 나타나는 세 가지 타겟의 종류를 다시 한 번 설명하자면, 먼저 맞춤 타겟의 경우 우리가 보유한 데이터를 기반

으로 사용자를 타겟팅 하는 기능이다. 유사 타겟은 맞춤 타겟을 기반으로 이와 유사한 행동양식을 보이는 사용자를 타겟팅 하는 방법이며, 저장된 타겟은 앞서 실습 과정에서 진행한 핵심 타겟과 동일하다. 핵심 타겟은 인구통계학적 데이터와 페이스북이 보유한 관심사 및 개인입력정보를 기반으로 작동하는 타겟팅이다.

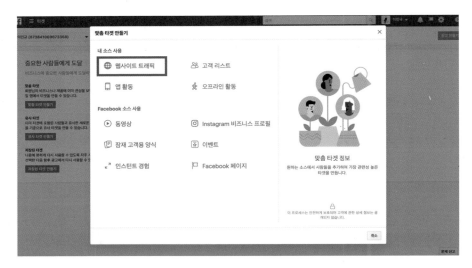

버튼을 누르면 여러가지 항목들이 나오는데, 우리는 사이트 방문자를 대상으로 타겟팅을 진행하기 때문에 [웹사이트 트래픽]을 선택해서 진행한다.

위와 같은 화면이 나오면 2번의 타겟 이름을 지정한 후 3번의 [타겟 만들기] 버튼을 누르면 완료 된다. 다만 여기서 주의할 점은 바로 1번 항목의 기간이다. 해당 기간은 타겟을 만들 때 타겟의 모수를 산정하는 기간을 말한다. 기본 30일로 설정되어 있는데, 광고를 집행하는 시점을 기준으로 최근 30일까지 모든 웹사이트 방문자를 대상으로 광고를 진행하겠다는 의미이다. 이 기간은 최대 180일까지 설정할 수 있다.

여기서 잠시 이 기간에 대해 조금 더 살펴보자. 대부분 여기까지 설명이 이해가 된다면 한 가지 의문이 들 수 있다.

## '그렇다면 기간은 대체 어느 정도로 설정하는 것이 적절한가?'

이 때 기준이 되는 데이터는 바로 고객의 구매 또는 전환 소요일수이다. 구글 애널리틱스와 같은 웹 로그 분석 툴을 사용하게 되면 사용자가 사이트에 방문해서 구매 또는 전환까지 걸리게 되는 소요 일수에 대한 데이터를 확인할 수 있다. 이커머스와 같은 경우에는 대부분 1주일 안에 고객으로 전환되지 않을 경우 전환율이 급격하게 떨어지지만, 보험이나 피트니스, 소프트웨어 비즈니스 같은 경우에는 사이트 방문과 리드 전환, 그리고 리드 전환과 결제 사이에 시간 차가 발생하게 되어 그 기간이 더욱 길어진다. 이러한 경향은 판매하는 서비스의 관여도에 따라 다르게 나타나기도 한다. TV나 냉장고와 같은 고관여 제품의 경우는 구매 고려 기간이 길고, 휴대폰 케이스와 같은 저관여 제품의 경우는 구매 고려 기간이 매우 짧다.

따라서 먼저 우리 비즈니스의 전환 소요일수를 먼저 파악하자. 그리고 이 전환 소요일수의 평균 또는 전환율이 급격하게 떨어지는 시점을 기준으로 잡아 최대 2배의 기간을 넘기지 않도록 하는 것이 좋다. 만약 우리 브랜드의 서비스를 구매하는데 평균 1주일 정도가 소요된다고 하면 최대 14일을 넘기지 않는 기간을 산정하는 것이다. 만약 이 보다 기간을 더 늘린다면 이미 구매의사가 없어진 고객에게 광고가 노출되기 때문에 부정적인 피드백을 얻을 수 있을 뿐 아니라, 광고 비용을 비 효율적으로 사용하는 것이 된다. 반면 이보다 기간을 더 짧게 한다면 구매 가능성이 있는 잠재고객을 놓치게 되는 경우가 발생할 수 있다.

### 모든 방문자 대상의 리마케팅은 언제 어떻게 사용할까?

사실상 모든 방문자를 대상으로 하는 리마케팅은 구매자도 포함되는 타겟팅 방법이다. 그렇기 때문에 리마케팅의 장점을 활용하기에는 매우 어렵다. 보다 적절한 활용방법은 뒤에서 다룰 '맞춤 타겟 조합'에서 다루겠지만, 그럼에도 활용할 수 있는 상황과 방법은 다음과 같은 경우가 있다.

우선 사이트의 트래픽이 적은 경우라면 모든 방문자를 대상으로 진행하는 것이 좋다. 기존의 트래픽이 많지 않은 경우에서 이를 더 세그먼트 한다면 데이터의 모수가 현저하게 줄어들기 때문에 큰 효과를 보지 못하기 때문이다.

또 다른 경우는 이벤트나 공지사항이 있는 경우다. 브랜드 사이트의 리뉴얼이나 모두가 참여할 수 있는 이벤트가 진행되는 경우라면 이 방법이 적합하다. 이메일을 열어보지 않는 사용자에게도 광고로서 메시지 전달이 가능하기 때문에 매우 효과적인 방법이다.

마지막으로 단일 제품의 반복구매가 일어나는 경우라면 모든 방문자를 대상으로 타겟팅을 해 리마케팅을 진행해도 좋다. 생필품이나 면도날, 기초 화장품과 같이 매번 반복적으로 구매가 일어난다면 이미 구매자가 포함되어 있다 하더라도 아무런 문제가 없다. 따라서 이런 경우에도 모든 방문자를 대상으로 광고를 집행하는 것이 좋겠다.

# 맞춤 타겟 생성과 디지털 마케팅 전략 (2) : 콘텐츠 조회

## 특정 상품 또는 콘텐츠 잠재고객을 맞춤 타겟으로

우리가 제공하는 서비스나 제품이 단일 서비스인 경우를 제외하면, 사이트에 방문한 잠재고객의 니즈는 매우 다양하고 제각각일 것이다. 두 번째로 만들어 볼 맞춤 타겟은 잠재고객의 니즈를 반영한 타겟팅 방법이다. 이 방법은 고객이 조회한 상품 페이지를 기반으로 니즈를 파악해 타겟팅 하는 방법이다. 수 많은 제품 중에서 잠재고객이 조회한 상품 또는 콘텐츠의 페이지 정보를 입력하면 해당 페이지를 조회한 잠재고객이 타겟팅 되어 광고가 집행되는 원리이다.

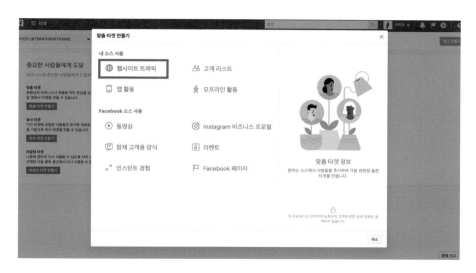

첫 번째로 사이트에 방문한 모든 사용자를 대상으로 맞춤 타겟을 만들었던 것과 동일한 경로로 들어와 보자. [맞춤 타겟 만들기] 에서 [웹사이트 트래픽]을 선택하면 된다.

[모든 웹사이트 방문자] 드롭다운 버튼을 눌러 [특정 웹페이지를 방문한 사람] 항목을 선택한다.

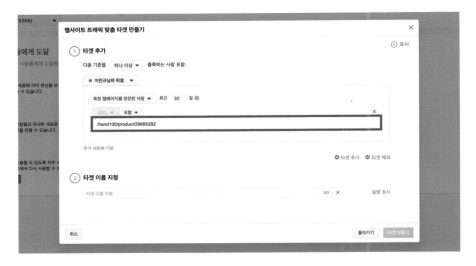

이어서 빈 칸에 특정 상품 페이지 또는 콘텐츠 페이지의 주소를 입력한다. 주소를 입력할 때는 메인 도메인 주소를 제외한 나머지 영역만 붙여 넣어도 된다. 예를 들어 메인 URL은 https://www.hand100.com 이고 특정 상품페이지의 주소는

https://www.hand100.com/hand100/product/29865282 이라면 여기서 메인 URL을 제외한 /hand100/product/29865282 만 입력해도 된다. 만약 이러한 방식이 불안하다면 그냥 해당 페이지의 주소를 복사해 그대로 붙여넣기 해도 무방하다.

여기까지 완료 되었다면 [포함] 드롭다운 버튼을 눌러보자. 3가지 옵션을 선택할 수 있다. '포함'은 방금 입력한 URL을 포함하는 모든 페이지 방문자를 대상으로 타겟팅 하는 방법이다. '포함하지 않음'은 반대로 입력한 URL의 페이지 방문자를 제외한 나머지 모든 페이지 방문자를 대상으로 타겟팅 하는 방법이다. 마지막 '다음과 같은 경우'는 입력한 URL과 사용자가 방문한 페이지 URL이 일치하는 경우 타겟팅 하는 방법이다.

보통 '포함' 옵션과 '다음과 같은 경우'의 옵션을 동일한 옵션으로 이해하는 경우가 많다. 하지만 분명 이 두 가지 옵션에는 분명한 차이가 있으므로 자세한 예시를 통해 알아보자.

상품을 외부로 광고하는 경우, 성과 측정을 위해 페이지 URL 뒤에 추적을 위한 갖가지 파라미터를 추가로 입력하는 경우가 있다. 또는 제휴 마케팅 채널에 배너를 노출시키거나 특정 링크를 통해 사이트로 유입된 경우에도 기본 URL 뒤에 유입경로 표시를 위해 식별자가 붙는 경우가 대부분이다. 아래 URL은 네이버 검색광고를 통해 유입된 트래픽을 추적하기 위해 기본 URL 뒤에 UTM Parameter를 부착한 경우이다.

www.hand100.com/product/26799765?utm_source=naver&utm_campaign=cpc

여기서 파란색 영역은 상품페이지의 URL을 나타내고 빨간색 영역은 추가된 파라미터를 나타낸다. 따라서 네이버 검색광고를 통해 유입된 사용자의 경우 URL은 위와 같이 표기될 것이다. 이 때 우리가 26799765라고 표기된 상품페이지 방문자를 대상으로 맞춤 타겟을 만들고자 한다면 /product/26799765 영역을 빈 칸에 입력하면 된다. 다만 이 때 URL 포함 옵션을 '다음과 같은 경우'라고 표시한다면 네이버 검색광고로 유입된 사용자는 추가된 파라미터 때문에 페이지 방문자로 인식하지 않는다. '다음과 같은 경우' 옵션은 사용자가 방문한 페이지의 URL이 완벽하게 일치되는 경우만 인식하기 때문이다. 따라서 우리는 특별한 경우가 아니라면 추적하고자 하는 상품 페이지의 URL을 입력하고 포함 옵션은 항상 '포함'으로 선택하고 진행하는 것이 좋다.

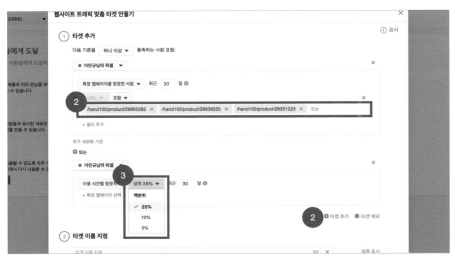

추가적으로 타겟팅 하고 싶은 페이지를 입력할 때는 1번에서 보이는 것과 같이 1개의 페이지 뿐만 아니라 여러개의 페이지를 입력할 수 있다. 또한 2번의 [타겟 추가] 버튼을 눌러 페이지 단순 페이지 방문자 외에도 특정 페이지의 이용 시간이 높은 사용자를 추가할 수 있다.

해당 항목들을 모두 입력 했다면 타겟 이름을 지정하고 우측 하단에 [타겟 만들기] 버튼을 눌러 완료하자. 다만 이 때에도 역시 타겟의 모수를 정하는 기간을 설정하는 것에 주의하자.

### 특정 페이지 방문자 대상의 리마케팅은 언제 어떻게 사용할까?

위 방법의 활용도는 매우 명확하다. 고객이 특정 상품 페이지를 조회 했다는 것은 자신의 니즈를 매우 명확하게 표현한 것이기 때문이다. 따라서 고객이 방문한 페이지의 상품 셀링 포인트를 보다 강력하게 소구하는 메시지를 전달할 때 활용하는 것이 효과적이다.

다만, 특정 페이지 방문자의 모수가 매우 적은 경우라면 유사한 상품 카테고리 방문자들을 모수로 포함해서 광고를 진행하는 것도 좋다. 이런 경우 유사 상품 카테고리를 탐색 중인 잠재고객에게 크로스 셀링 또는 업셀링 등의 효과를 기대할 수도 있다. 예를 들어 여름 휴가 시즌에 맞춰 원피스 상품을 적극 홍보할 때, 원피스 상품 카테고리 방문자에게 원피스와 어울리는 샌들이나 모자 및 선글라스 등을 광고로 노출 시키고자 하는 경우로 이해하면 되겠다.

나아가서 회원가입 완료 페이지의 URL을 입력해 광고를 진행한다면 회원들을 대상으로 공지사항, 또는 이벤트 등의 안내 용도로 활용할 수도 있고, 이벤트 신청 완료 페이지나 무료체험 신청 완료 페이지 등 우리가 설계한 포인트로 도착한 잠재고객을 대상으로 리마케팅을 진행할 때 활용할 수 있다.

# 맞춤 타겟 생성과 디지털 마케팅 전략 (3) : 이벤트 픽셀

## 보다 더 정교하고 디테일한 고객의 행동을 맞춤 타겟으로

이벤트 픽셀을 활용한 타겟팅은 앞의 두 타겟팅 보다 조금 더 행동기반의 타겟팅 방법이다. 기본적인 페이지 단위의 사용자 행동흐름을 추적하는 것 외에 여러 가지 사용자 행동을 추적하고 활용하기 위한 방법으로 이해하면 되겠다. 방법 또한 위 2가지 방법과 매우 유사하다. 다만 앞서 이벤트 픽셀 설치 가이드에 안내한 것과 같은 방법으로 사이트에서 추적하고 싶은 이벤트를 먼저 설정해야 한다. 구매시작 버튼이나 결제완료 또는 잠재고객 양식 제출 등의 버튼 클릭을 이벤트로 설정해 보자.

이벤트 설정이 완료되면, 앞서 모든 방문자와 특정 페이지 조회자 맞춤 타겟 설정과 마찬가지로 웹사이트 트래픽 맞춤 타겟 만들기 경로로 들어온다. 이 때 1번의 드롭다운 버튼을 눌러 스크롤을 조금 밑으로 내려보면 모든 웹사이트 방문자, 특정 웹페이지를 방문한 사람, 이용 시간별 방문자 밑으로 직접 설장한 이벤트 내용이 보여질 것이다. (*이벤트 픽셀 설정을 한 후 일정 데이터 모수가 파악되어야 해당 항목이 나오므로 시간이 걸릴 수 있다.) 이 때 타겟팅 하고자 하는 이벤트를 선택한 후 타겟팅 기간과 타겟 이름을 설정하고 만들기 버튼을 누르면 된다.

## 이벤트 픽셀을 활용한 리마케팅은 언제 어떻게 사용할까?

회원가입 또는 결제완료와 같은 고객 행동의 경우 회원가입 완료 페이지나 결제완료 페이지에 도착한 것으로 고객의 행동을 추적할 수 있다. 이 때에는 도착 페이지의 URL을 기준으로 맞춤 타겟을 생성하면 해당 타겟에 대한 리마케팅 진행이 가능하다. 하지만 이 밖에 페이지 단위로 추적이 안되지만 타겟팅과 리마케팅을 진행하고 싶은 경우가 있을 것이다. 예를 들어, 사이트에서 버튼을 클릭하면 구글 설문지로 이동해 개인정보를 남기는 리드 제출 양식이 있다고 해보자. 이 때 구글 설문지는 자사 웹사이트가 아니기  문에 페이스북 픽셀과 같은 리마케팅 태그를 설치할 수 없다. 때문에 페이지 도착 방식으로는 잠재고객 양식 제출을 완료한 사용자 추적이 불가능하다. 따라서 우리가 추적 가능한 고객 행동은 버튼 클릭이 최종 포인트가 되는 것이다. 이 때 이벤트 픽셀을 활용해 해당 버튼 클릭을 이벤트로 추적하고, 클릭 이벤트를 발생시킨 사용자를 맞춤 타겟으로 생성해 리마케팅을 진행할 수 있다.

뒷 부분에서 리마케팅 조합에 대해 보다 자세하게 설명하겠지만, 이 기능을 적극적으로 활용하면 이탈된 고객을 재 유입시키는 것에 매우 뛰어난 효과를 볼 수 있다. 이벤트 픽셀을 활용해 결제 시작 버튼 클릭 사용자 맞춤 타겟을 생성하고, 구매 완료 페이지 도착 사용자를 또 하나의 맞춤 타겟으로 생성하자. 결제 시작 버튼을 클릭한 사용자에서 구매 완료 페이지 도착 사용자를 제외하면 구매 과정 중 이탈한 고객이 타겟팅이 될 것이다. 이 고객은 구매 전환 직전의 고객이기 때문에 할인쿠폰 제시 및 제품 리마인드 등 다시 구매를 유도하는 메시지를 전달한다면 매우 뛰어난 효과를 볼 수 있다.

# 고객 리스트 활용을 위한 비즈니스 관리자 생성하기

### 고객 개인정보 활용을 위한 절차 밟기

페이스북의 리마케팅은 CRM 마케팅의 용도로도 활용이 가능하다. 곧 함께 알아볼 고객 리스트를 이용한 맞춤 타겟 생성 덕분이다. 이 방법은 우리가 보유한 고객의 데이터를 기반으로 타겟팅을 진행하는 방법이기 때문에 약간의 추가적인 작업이 필요하다. 바로 비즈니스 관리자의 생성이다.

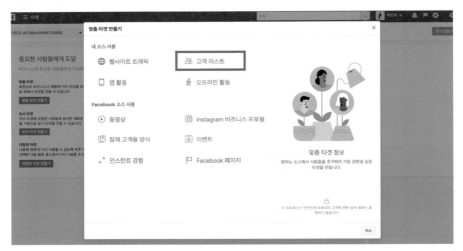

타겟에서 [맞춤 타겟 만들기]를 클릭하고, [고객 리스트]를 클릭한다.

만약 비즈니스 관리자 설정이 되어 있다면 위와 같은 화면이 뜨거나 1번의 [새로운 비즈니스 만들기] 라는 항목이 나타날 것이다. 기존 비즈니스 관리자 설정이 되어 있다면 바로 진행이 가능하고, 그렇지 않다면 새로운 비즈니스 만들기를 통해 계정을 비즈니스 관리자로 전환시켜줘야 한다.

버튼을 클릭하면 다음과 같은 화면이 보인다. 계정 만들기 버튼을 클릭하자.

비즈니스 관리자 계정 만들기에서 요구하는 정보들을 입력한다. 이 때 이름은 성과 이름을 띄어쓰기로 입력해야 한다. 다만 꼭 실명을 입력할 필요는 없고, 운영 중인 브랜드 명이나 회사 명을 입력해도 무방하다. 비즈니스 이메일 주소의 경우 확인 메일을 통해 다시 로그인이 필요하므로 임의 메일주소를 입력하면 안된다는 점에 유의하자.

이어서 비즈니스 상세 정보를 추가한다.

이 작업이 모두 완료되면 비즈니스 계정의 세부정보들을 설정할 수 있는 [비즈니스 설정] 영역이 보여진다. 여기서 계정 할당 및 페이지 연동 등 필수적이면서

도 세부적인 항목들을 설정할 수 있는데, 조금 더 간편하게 필수 정보를 입력하는 방법을 살펴보자.

방금 전 까지 있었던 [설정 〉 비즈니스 설정]에서 나와 메뉴 버튼을 누르고 [비즈니스 관리자] 항목으로 이동해 보자.

이어서 보이는 페이지 추가, 광고 계정 추가, 사용자 추가 항목만 완성하면 본격적으로 비즈니스 관리자 계정을 사용할 수 있다. 페이지와 광고 계정의 경우 기존의 운영 중이던 계정을 연동할 수도 있고 새롭게 생성도 가능하다.

비즈니스 관리자 페이지 연동 및 생성에 있어 유의할 점은 1개 계정에 1개의 페이지만 연동이 가능하다는 점과, 이제 막 관리자 권한을 받았거나 생성된 지 1주일이 지나지 않은 페이지의 경우 연동에 있어 기다림의 시간이 필요할 수 있다는 점이다.

광고 관리 연동 및 생성에 있어 중요한 것은 첫 번째로 통화 설정이다. 기본 설정이 USD로 되어 있는 경우가 있는데, 이 때 환전수수료 등이 발생할 수 있어 가능한 KRW로 설정하고 진행하는 것이 좋다. 추가로 기존 개인 광고 계정을 연동할 때 광고 진행 이력이 없다면 비즈니스 관리자로 이전이 어려울 수 있다. 이런 경우 새롭게 광고 계정을 생성하는 것이 더 편할 수 있다.

### 광고 관리자와 비즈니스 관리자, 무슨 차이가 있을까?

비즈니스 관리자는 고객 리스트 활용을 위해서만 요구되는 기능은 아니다. 일반적인 페이스북 광고를 설정하고 운영하는 것에 있어서는 별반 차이가 없지만, 그 밖에 여러가지 부가 기능들을 제공하기 때문에 기업에서는 필수적으로 요구되는 부분이다. 가장 주목해야 할 차이점 및 활용도를 정리해 보면 다음과 같다.

#### • 고객 리스트를 활용한 맞춤 타겟 생성

가장 먼저 고객 리스트를 활용한 타겟팅을 위해서 비즈니스 관리자의 생성이 필요하다. 이는 고객의 개인정보를 활용한 타겟팅 방법이기 때문에 운영하는 비즈니스에 대한 추가 정보가 필요하다. 번거롭긴 하지만 그 만큼 강력한 타겟팅인 만큼 고객 리스트를 활용한 타겟팅을 활용하고자 한다면 비즈니스 계정을 설정하자.

#### • 기업에서 다수의 사용자가 운영하는 경우

기업에서 페이스북 광고를 운영할 경우, 여러명이 계정에 대한 접근이 필요하거나 담당자가 바뀌는 경우 혹은 퇴사하는 경우 등이 발생한다. 1개의 계정을 모두가 공유하게 되면 위와 같은 이슈가 발생할 때마다 보안 문제 및 비밀번호를 변경하는 등의 번거로움이 발생한다. 따라서 1개 계정에 대해 여러명에게 권한을 부여해야 하는 경우라면 비즈니스 관리자 생성이 유용하다. 비즈니스 관리자는 여러명에게 권한을 부여하고 제거하는 것이 간편하기 때문에 담당자 변경이나 퇴사자 발생 등의 이슈에 대처가 수월하다. 더불어 계정에 수정사항이 발생했을 경우 변경 내역 확인을 통해 어떤 담당자가 어떤 수정 작업을 진행했는지 까지 확인이 가능하다.

### • 에이전시를 고용한 경우

앞서 설명한 이유와 동일한 맥락에서 에이전시를 고용 했을 때도 매우 용이하다. 간혹 에이전시 고용 시 브랜드 계정을 새로 만들어 에이전시가 보유해서 운영하는 경우가 있는데, 계약이 만료되는 경우 계정에 대한 소유권을 두고 이슈가 발생하기도 한다. 따라서 에이전시를 고용 하더라도 계정은 자사가 보유하고 비즈니스 관리자를 통해 에이전시에게 운영 권한을 부여해 진행하는 것이 좋다.

### • 여러개의 픽셀 설치가 필요한 경우

일반적인 페이스북 계정은 계정 1개당 1개의 픽셀만 발급된다. 반면 비즈니스 계정은 1개의 계정에서 10개까지 픽셀 발급이 가능하다. 단순 웹사이트 운영 뿐 아니라 브랜드 블로그, 커뮤니티, App 등 다양한 서비스를 운영하고 있는 경우 비즈니스 계정으로 통해 여러개의 픽셀을 발급 받아 활용하면 관리와 활용이 매우 용이하다.

# 맞춤 타겟 생성과 디지털 마케팅 전략(4) : 고객 리스트

## 보유한 고객 데이터를 맞춤 타겟으로

비즈니스 관리자 계정이 생겼으니 맞춤 타겟에서 고객 리스트를 활용해 타겟팅하는 것이 가능해졌다. 앞서 진행했던 방식으로 다시 돌아가 구체적인 방법을 살펴보자.

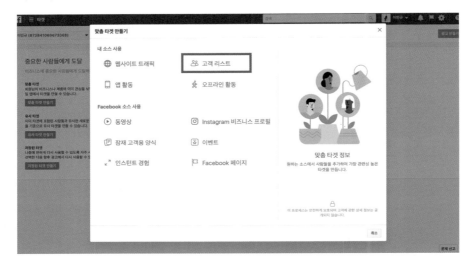

다시 맞춤 타겟 만들기 항목에서 [고객 리스트]를 클릭한다.

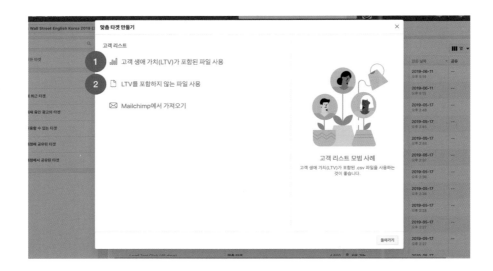

이어지는 화면에서 3가지 옵션을 확인할 수 있다. 여기서 LTV라는 다소 생소한 단어가 보일 것이다. 잠시 설명을 하고 넘어가자면 LTV는 Lifetime Value의 약자로 고객생애가치를 말한다. 이는 한 명의 고객이 자사 서비스에서 창출하는 가치의 총합을 뜻하는 것이다. 조금 더 쉽게 접근하면 고객 1명이 더 이상 구매를 하지 않을 때까지 만들어낸 매출의 총합으로 이해하는 것이 수월하다.

페이스북이 고객생애가치(LTV)를 활용해 마케팅을 한다는 것은, 고객 가치에 따른 가중치를 부여해 보다 높은 가치가 있는 고객을 선별해 타겟팅을 진행한다는 뜻이다. 1번의 LTV 포함 맞춤 타겟과 2번의 포함되지 않은 맞춤 타겟을 생성하는 방법은 사실상 거의 차이가 없다. 엑셀에서 1개 열이 추가되는 정도의 차이이다. 따라서 1번의 LTV 데이터를 포함하는 맞춤 타겟을 생성하는 방법으로 진행해보도록 하자.

보유한 고객 리스트를 업로드 하기 전에 데이터의 출처를 물어보는 항목이 있다. 보이는 항목에서 적합한 것을 선택하고, 2번의 파일 템플릿을 다운로드 하자.

| email | email | email | phone | phone | p |
|---|---|---|---|---|---|
| **elizabetho@fb.com** | olsene@fb.com | eolsen@fb.com | 1-(650)-561-▇▇ | 1-(650)-782-▇▇ | 1 |
| **andrewj@fb.com** | jamisona@fb.com | ajamison@fb.com | 1-(212) 736-▇▇ | 1-(212) 523-▇▇ | 1 |
| **margaretj@fb.com** | johnsonm@fb.com | mjohnson@fb.com | 1-(323) 857-▇▇ | 1-(323) 617-▇▇ | 1 |
| **johnd@fb.com** | doej@fb.com | jdoe@fb.com | 1-(312) 443-▇▇ | 1-(312) 555-▇▇ | 1 |
| **marks@fb.com** | smithmark@fb.com | msmith@fb.com | +44 303 123 7▇▇ | +44 871 663 ▇▇ | + |
| **jamesm@fb.com** | mclaughlinj@fb.com | jmclaughlin@fb.com | +44 20 7219 ▇▇ | +44 844 482 ▇▇ | + |
| **pauloa@fb.com** | alessandrop@fb.com | palessandro@fb.com | +55 21 3938-▇▇ | +55 11 3091-▇▇ | + |
| **mariel@fb.com** | laurentm@fb.com | mlaurent@fb.com | +33 892 70 ▇▇ | +33 1 53 09 ▇▇ | + |
| **thomasd@fb.com** | duboist@fb.com | tdubois@fb.com | +33 892 70 ▇▇ | +33 1 49 52 ▇▇ | + |

템플릿 안에는 더미 데이터가 채워진 표가 있다. 우리가 보유한 고객 리스트를 해당 표 안에 채워넣으면 되는데, 모든 항목을 다 채울 필요는 없다. 일반적으로 국내 서비스 가입 시에 필수 입력 정보는 이메일과 전화번호인데, 해당 항목들만 채워넣어도 무방하다.

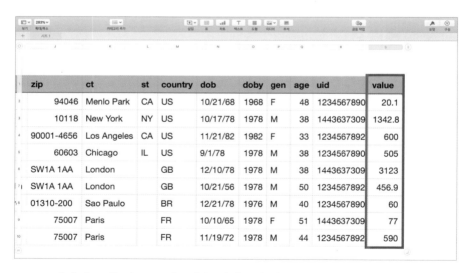

| zip | ct | st | country | dob | doby | gen | age | uid | value |
|---|---|---|---|---|---|---|---|---|---|
| 94046 | Menlo Park | CA | US | 10/21/68 | 1968 | F | 48 | 1234567890 | 20.1 |
| 10118 | New York | NY | US | 10/17/78 | 1978 | M | 38 | 1443637309 | 1342.8 |
| 90001-4656 | Los Angeles | CA | US | 11/21/82 | 1982 | F | 33 | 1234567892 | 600 |
| 60603 | Chicago | IL | US | 9/1/78 | 1978 | M | 38 | 1234567890 | 505 |
| SW1A 1AA | London | | GB | 12/10/78 | 1978 | M | 38 | 1443637309 | 3123 |
| SW1A 1AA | London | | GB | 10/21/56 | 1978 | M | 50 | 1234567892 | 456.9 |
| 01310-200 | Sao Paulo | | BR | 12/21/78 | 1976 | M | 40 | 1234567890 | 60 |
| 75007 | Paris | | FR | 10/10/65 | 1978 | F | 51 | 1443637309 | 77 |
| 75007 | Paris | | FR | 11/19/72 | 1978 | M | 44 | 1234567892 | 590 |

LTV 기반의 고객 리스트 템플릿은 테이블의 가장 우측 value 항목의 유무이다. 일반적으로는 고객이 발생시킨 매출을 기준으로 입력한다. 이 때 유의할 점은 고

객 가치를 특정 기준으로 환산해서 적용하면 안된다는 것이다. 예를 들어 고객의 가치를 매출액 기준으로 다시 1부터 10까지 그룹핑해서 입력하게 된다면 정확한 가치 산정이 어려워진다. 고객 점수가 8점인 고객은 2점인 고객보다 4배 더 가치가 높다고 책정이 되는데, 실제 매출액 기준으로는 그보다 가치가 더 높을 수도, 낮을 수도 있기 때문이다. 따라서 LTV를 반영할 때에는 그룹핑 보다 실제 점수에 기반한 가치 산정이 중요하다.

여기까지 설정이 완료 되었다면, 타겟 이름을 지정하고 [다음] 버튼을 누른다.

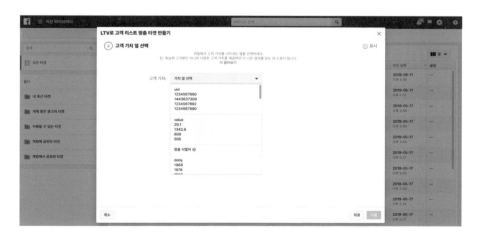

LTV 고객 리스트로 맞춤 타겟 생성을 진행하면 다음과 같은 화면이 등장한다. 우리가 업로드한 테이블에서 고객 가치가 부여된 열을 다시 한 번 확인시켜주는

것이다. 항목을 자세하게 살펴보고 적절하게 선택해 준 뒤 넘어가자.

페이스북이 업로드한 데이터를 읽어들이기 시작하고, 읽어들인 항목이 원하는 항목과 적절히 매칭되는지 다시 한 번 확인을 요구한다. 만약 전화번호를 입력한 항목을 이메일로 인식했다면 우측 드롭다운 버튼을 눌러 정정해 주면 된다. 다시 말하지만 모든 항목을 다 업로드할 필요는 없으며, 보유한 데이터를 최대한 활용하는 선에서만 진행하면 된다.

여기까지 입력하면 고객리스트를 활용한 맞춤 타겟이 완성된다.

## 고객 리스트 활용한 리마케팅은 언제 어떻게 사용할까?

이 방법은 고객의 데이터를 어떻게 가공 하느냐에 따라 활용도가 매우 높아진다. 하지만 무엇보다 이후에 함께 만들어 볼 유사 타겟을 생성하는 것에 있어 가장 활용도가 높다. 유사 타겟은 맞춤 타겟을 기반으로 유사한 행동 양식을 보이는 잠재고객을 타겟팅 하는 것인데, 이 때 베이스가 되는 맞춤 타겟 소스에 LTV가 추가됨으로써 보다 신뢰할 수 있는 타겟팅이 가능해지기 때문이다. 불특정 다수를 타겟팅 하는 것보다 가치 높은 고객과 유사한 고객을 타겟팅 하는 것은 분명 매력적이다.

LTV를 추가하지 않아도 활용도는 매우 다양하다. 고객 리스트를 활용한다면 굳이 이메일이나 SMS를 사용하지 않고도 고객에게 각종 이벤트 및 공지사항 등의 소식을 전달할 수 있다. 특히 특정 제품을 구매한 고객 리스트를 따로 모아 타겟팅 하고 해당 제품과 크로스셀링이 가능한 제품을 마케팅 한다면 매우 성과가 뛰어날 것이다. 또한 이벤트 진행 시 이벤트 참여자만 추출해 타겟팅이 가능할 것이고, 특정 구매 금액 이상인 고객들도 선별해 타겟팅이 가능할 것이다.

# ✎ 맞춤 타겟 생성과 디지털 마케팅 전략 (5) : 페이스북 소스 사용 ✎

## 모두가 홈페이지를 갖고 있는 것은 아니니까

일반적인 리마케팅은 웹사이트나 App을 기반으로 진행되기 때문에 일단 고객을 사이트로 유입시키거나 App 설치를 유도하는 것이 선행되어야 한다. 하지만 이는 분명 고객에게 높은 허들로 다가오는 방법이다. 또한 모두가 웹사이트나 App을 보유하고 있는 것은 아니지 않은가. 예를 들어 블로그로 상품을 판매하는 사업자나 스마트스토어를 활용하는 경우라면 스크립트의 설치가 불가능하기 때문에 리마케팅의 진행이 매우 어렵다. 이러한 경우라면 리마케팅을 포기해야 할까?

개인적인 생각으로 페이스북 광고 기능의 가장 강력한 점은 바로 페이스북 페이지를 활용한 리마케팅에 있다. 이 기능을 활용하면 위와 같이 리마케팅 스크립트의 설치가 어려운 경우에도 리마케팅을 진행할 수 있다. 이 방법은 페이스북 페이지 운영을 통해 페이지를 팔로우하거나, 페이지에서 발행한 콘텐츠에 반응한 타겟을 대상으로 광고를 집행하는 것이다.

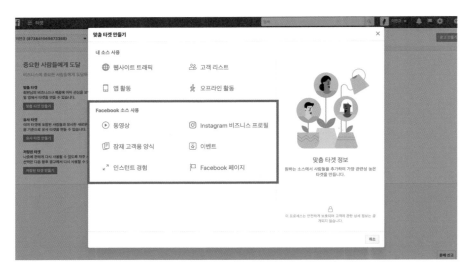

맞춤 타겟 만들기에서 아래 쪽 [Facebook 소스 사용] 항목들을 살펴보면 직

관적으로 이해할 수 있다. 페이스북에서 발행한 콘텐츠의 형태에 따라 분류가 되어 있고 각 형태에 반응한 잠재고객을 대상으로 맞춤 타겟을 생성하는 것이다. 대부분 어렵지 않게 생성이 가능하며 절차가 비슷하기 때문에 [동영상]과, [Facebook 페이지] 2개 항목을 예시로 설정해 보자.

### 페이스북 동영상 콘텐츠에 반응한 대상을 맞춤 타겟으로

[Facebook 소스 사용] 항목에서 [동영상] 항목을 클릭해 보자. 물론 이 항목을 활용해 맞춤 타겟을 생성하기 위해서는 운영 중인 페이스북 페이지에서 동영상 콘텐츠를 발행한 기록이 있어야 한다.

세 가지 항목을 설정하면 간단하게 완성할 수 있는데 먼저 동영상 콘텐츠에 얼만큼 관여한 사용자를 타겟팅 할 것인지를 묻는다. 이 때에는 동영상의 총 분량과 내용의 적합성을 고려해 목적에 적합한 타겟을 선정하면 되겠다. 가령 25% 지점 시청자를 타겟팅할 경우, 1분 밖에 되지 않는 동영상과 10분 가량의 동영상에서 25% 지점의 차이는 매우 크다. 따라서 해당 영상의 25% 분량이 사용자에게 어느 정도 메시지를 전달하고 있는지를 충분히 고려해야 한다.

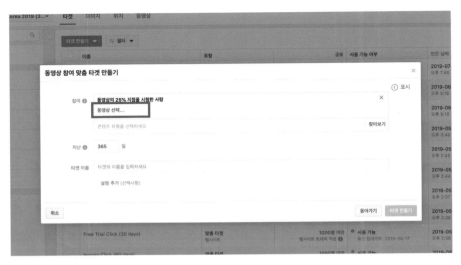

이어서 대상이 되는 동영상 콘텐츠를 선택한다.

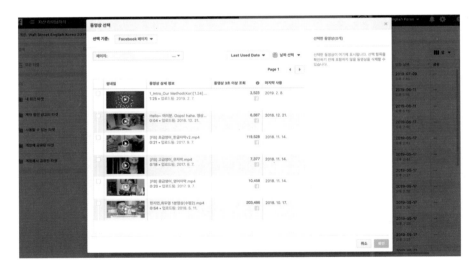

페이스북 페이지를 통해 동영상 콘텐츠를 발행했다면 해당 콘텐츠의 내역을 확인할 수 있다. 이 중 원하는 영상을 선택하기만 하면 된다. 이 때 하나의 영상을 선택할 수도 있고, 다수의 영상을 선택할 수도 있다. 따라서 동일한 영상 콘텐츠를 여러번 업로드한 경우라면 모두 선택해 타겟의 모수를 확장하는 것도 좋은 방법이다.

　여기까지 따라 왔다면 타겟팅 하고자 하는 모수의 기간을 설정하고, 인식하기 쉽도록 타겟의 이름을 입력해 주면 완성된다.

## 페이스북 페이지와 콘텐츠에 반응한 대상을 맞춤 타겟으로

페이스북 페이지 참여자 대상의 맞춤 타겟 생성 방법 역시 별반 다르지 않다.
[Facebook 소스 사용] 항목 중 [Facebook 페이지] 항목을 클릭해보자.

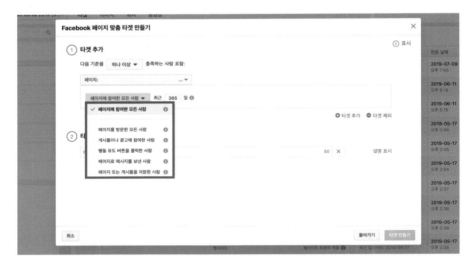

[페이지에 참여한 모든 사람] 항목의 드롭다운 버튼을 눌러 보면 조금 더 상세
한 항목들을 확인할 수 있다. 페이지에 참여한 모든 사람은 아래 세부 항목을 모
두 포함하는 조건이고, 그 밖의 조건들은 보다 세분화된 타겟팅 방법으로 이해하
면 되겠다. 특히 페이스북에서 광고를 집행한 후 스크립트 설치 이슈로 리마케팅
이 어렵다면, [게시물이나 광고에 참여한 사람]을 대상으로 타겟팅 함으로써 리
마케팅이 가능하다.

## 페이스북 소스 사용 리마케팅은 언제 어떻게 사용할까?

이미 앞서 언급한 것과 같이 가장 대표적인 활용 방법은 웹사이트나 App 서비스가 없는 경우 리마케팅의 활용 대안이다. 보유한 페이지를 마치 홈페이지처럼 활용해서 리마케팅이 가능하기 때문에 보다 쉽게 접근이 가능하다는 장점이 있다. 이러한 점을 활용한다면 에이전시에서도 고객사의 블로그나 사이트 등에 픽셀을 설치할 수 없는 경우 우회할 수 있는 방법이 생기는 것이다.

만약 페이스북에서 발행한 콘텐츠가 폭발적인 반응을 이끌어낸 경우 이 방법을 활용해도 좋다. 폭발적인 콘텐츠는 반응한 사용자의 수가 압도적으로 높기 때문에 해당 사용자들을 대상으로 타겟팅 광고를 집행한다면 높은 성과를 기대할 수 있다. 물론 이 때 콘텐츠는 자사 서비스와 관련성이 높은 콘텐츠여야 한다.

이 방법은 굳이 사용자를 웹사이트로 끌어들일 필요가 없기 때문에 조금 더 응용과 확장이 가능하다. 여러 페이스북 페이지를 운영하는 경우 콘텐츠를 통해 잠재고객 모수를 만들고 판매하는 서비스를 교차로 타겟팅 해서 효율적인 광고 성과를 만들 수도 있다. 브랜드 계정의 페이지가 아닌 단순 정보성, 오락성 콘텐츠를 활용해 페이지의 규모를 늘린 후 해당 페이지 참여자를 대상으로 광고를 집행하는 개념이다. 한 개가 아닌 여러 개 계정의 페이지를 운영하면서 관련성 높은 타겟과 매칭 되는 광고를 집행하면 그 성과는 더욱 효과적이다.

## ✏ 유사 타겟 생성과 디지털 마케팅 전략 : 맞춤 타겟의 유효성에 따른 설정 전략 ✏

**맞춤 타겟이 유사 타겟을 낳는다.**

유사 타겟에 대해 다시 한 번 설명을 하자면, 맞춤 타겟을 기반으로 이와 유사한 행동 양식을 보이는 잠재고객을 타겟팅 하는 기능이다. 때문에 유사 타겟을 생성하기 위해서는 반드시 기반이 되는 맞춤 타겟이 필요하다. 맞춤 타겟을 생성 했다면 유사 타겟을 생성하는 것은 마치 복사하고 붙여넣기와 같은 수준이기 때문에 매우 수월하다.

위와 같이 맞춤 타겟을 만들었던 항목 바로 아래 유사 타겟 항목을 클릭하고 직접 생성해 보자

　보이는 것과 같이 [유사 소스 선택]. [타겟 위치 선택], [타겟 크기 선택] 등 3가지 항목을 설정하면 유사 타겟이 완성된다.

　먼저 유사 소스 선택의 빈 칸을 클릭해 보자. [가치 기반 소스]와 [기타 소스] 2개의 항목이 보인다. 가치 기반 소스는 뒤에 가서 자세히 설명하기로 하고, 우선 1번과 같이 기타 소스 항목을 선택한다. 그러면 기존에 생성한 맞춤 타겟의 목록이 보이게 된다. 여기서 유사 타겟의 기반이 되는 맞춤 타겟을 선택하면 된다.

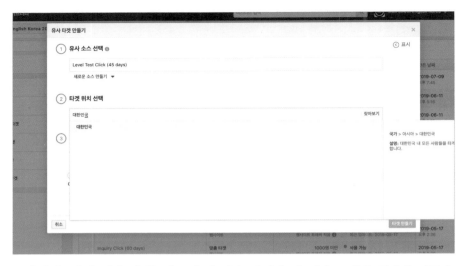

이어서 [타겟 위치 선택] 항목의 빈 칸을 클릭한 뒤 서비스 대상 국가의 이름을 입력해 보자. 아래 자동완성 항목이 나타나면 클릭을 하면 된다. 이 때 1개가 아닌 복수 국가도 선택이 가능하다.

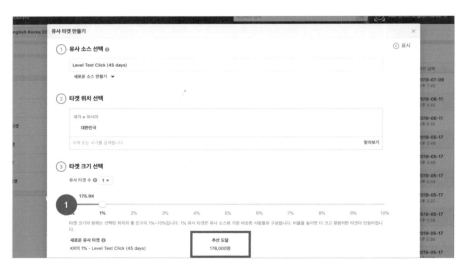

마지막 설정 항목은 [타겟 크기 선택]이다. 여기서 1번의 그래프를 좌우로 드래그할 수 있는데, 이는 맞춤 타겟을 기반으로 유사 타겟을 생성할 때 그 유사성의 정도를 선택하는 것이다. 여기서 유사성은 그 숫자가 작을 수록 더욱 유사한 것을 뜻한다. 1%가 3%보다 더 유사하다는 것으로 이해하면 된다.

하지만 무조건 유사성이 높을 수록 좋은 것은 아니다. 유사성이 높을 수록 그 규모는 더욱 작아지게 된다는 점에 유의하자. 앞의 1번에서 1%의 유사성일 때 추산 도달은 약 176,000명 이지만, 2번과 같이 3%의 유사성에서는 약 528,000명으로 추산 도달 수가 늘어난다. 숫자가 적어도 더 유사한 사람들을 타겟팅 하느냐, 조금 덜 유사하더라도 더욱 많은 잠재고객을 타겟팅 하느냐에 기로에 서는 것이다.

## 유사 타겟의 유사성은 어느 정도가 적절한가?

이쯤에서 강하게 드는 의문은 바로 유사성의 적절성이다. 과연 어느 정도의 유사성을 선택하는 것이 적절할까? 이 문제에 대한 해답은 2가지 관점에서 접근할 수 있다.

첫째, 맞춤 타겟의 신뢰성이다. 기반이 되는 맞춤 타겟의 데이터가 매우 가치 있고 신뢰할 수 있는 데이터라면 유사 타겟의 규모를 조금 더 확장해도 무방하다.

둘째, 테스트를 통한 효율성의 한계이다. 신뢰성 높은 맞춤 타겟 데이터를 기반으로 하더라도 규모를 계속해서 늘려 테스트를 하다보면 효율이 급격하게 떨어지는 지점이 존재한다 바로 이 포인트를 찾아내는 것이 관건이다.

이 2가지 관점에서 꽤 많은 테스트를 해 본 결과를 기반으로 개인적인 노하우를 전달하고자 한다. 만약 보유한 맞춤 타겟의 데이터가 구매 회원과 같이 매우 신뢰성 높은 데이터라고 한다면, 최대 5%를 넘지 않는 선에서 확장하는 것이 좋다. 반면, 맞춤 타겟의 데이터가 단순 사이트 방문자와 같이 상대적으로 신뢰성이 떨어진다고 하면 1~3% 수준으로 집행하는 것이 적절하다. 물론 이 데이터는 보유한 데이터의 규모와 비즈니스 영역에 따라 달라질 수 있기 때문에 무조건적인 맹신보다 지속적인 테스트를 통해 최적화 시키는 것을 권장한다.

## 가치 기반의 유사 타겟 알아보기

앞서 잠시 설명을 미뤄두었던 가치 기반 소스의 유사 타겟에 대해 알아보자. 사실이 기능과 개념은 우리가 앞에서 만들었던 LTV 데이터를 활용한 맞춤 타겟과 크게 다르지 않다. 굳이 가치 기반 소스의 유사 타겟을 생성하지 않아도, LTV가 반영된 맞춤 타겟을 기반으로 유사 타겟을 생성해도 무방하다.

[기타 소스] 유사 타겟 생성 시 확인했던 것처럼 [유사 소스 선택] 항목에서 [가치 기반 소스] 탭을 클릭하면 기존에 생성한 타겟 또는 픽셀을 기반으로 활용할 수 있는 항목이 나타난다. 아마 대부분 기본적으로 설치된 픽셀 정보가 보일 것이고, LTV를 반영한 맞춤 타겟을 생성했다면 해당 항목이 나타날 것이다. 이 중 픽셀 항목을 선택해 보자.

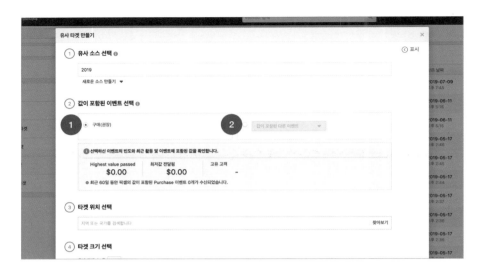

　[기타 소스] 유사 타겟 생성 시 확인했던 것처럼 [유사 소스 선택] 항목에서 [가치 기반 소스] 탭을 클릭하면 기존에 생성한 타겟 또는 픽셀을 기반으로 활용할 수 있는 항목이 나타난다. 아마 대부분 기본적으로 설치된 픽셀 정보가 보일 것이고, LTV를 반영한 맞춤 타겟을 생성했다면 해당 항목이 나타날 것이다. 이 중 픽셀 항목을 선택해 보자.

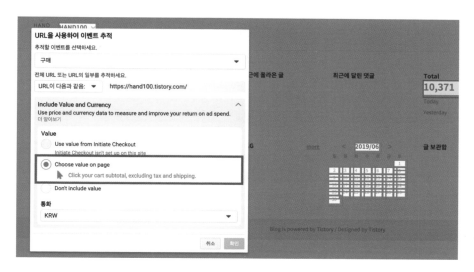

앞서 픽셀을 설치하고 이벤트 픽셀을 설치할 때를 떠올려 보면 된다. 추적할 이벤트를 예시와 같이 구매로 설정하고 [Choose value on page] 항목을 선택해 페이지에서 나타나는 구매 금액과 같은 가치를 적용하는 것이다. 이렇게 되면 해당 이벤트에 대한 가치가 바로 적용된다. 나머지 유사 타겟을 생성하는 방법은 동일하기 때문에 문제 없이 진행할 수 있다.

해당 방법과 LTV 맞춤 타겟을 활용해 유사 타겟을 생성하는 방법 사이에 차이가 있다면, LTV를 이용한 방법은 업데이트가 번거로운 반면, 가치 기반 소스를 활용한 유사 타겟은 지속적인 업데이트가 가능하다는 점이다. 반면 단점 역시 존재하는데 이 기능은 구매와 장바구니 담기 등과 같이 이벤트를 설정할 때 이벤트 가치 부여가 가능한 항목(구매 시작 및 결제 완료 등)에 대해서만 적용이 가능하다는 점이다. 따라서 고객의 특정 행동(이벤트)에 가치를 부여하고 그 맞춤 타겟을 기준으로 유사 타겟을 생성하고 싶다면 LTV를 활용한 방법이 더욱 적절하다.

## PART 08

# 구글 태그 매니저를 활용한 리마케팅 고도화 전략

▶ 고객 행동 추적과 구글 태그 매니저의 개념 이해하기
▶ 버튼 클릭 이벤트 트래킹과 맞춤 타겟 생성 및 활용 전략
▶ 페이지 스크롤 이벤트 트래킹과 맞춤 타겟 생성 및 활용 전략
▶ 유튜브 영상 재생률에 따른 맞춤 타겟 생성 및 활용 전략
▶ 맞춤 전환을 활용한 페이스북 광고 최적화 전략

# 고객 행동 추적과 구글 태그 매니저의 개념 이해하기

### 고객의 행동을 어디까지 추적할 수 있을까?

웹사이트에서 고객의 행동을 추적하는 대부분의 측정 기준은 바로 사용자의 페이지의 이동이다. 하지만 이런 경우 고객의 세부적인 행동들을 추적하기가 어렵다. 예를 들어 외부 페이지로 이동하는 특정 버튼을 클릭한다거나, 유튜브 영상을 얼마나 재생하는지, 페이지의 스크롤을 얼마나 내려보는지 등의 행동은 추적할 수가 없는 것이다. 때문에 우리는 더욱 더 세밀한 고객 행동 추적과 이를 활용하기 위해 구글 태그 매니저를 활용할 필요가 있다.

### 구글 태그 매니저의 변수, 트리거, 태그 이해하기

구글 태그 매니저의 설치는 앞서 함께 진행했다. 페이스북 픽셀 설치를 위한 내용만 다뤘기에 매우 간단하고 기본적인 인터페이스만 확인할 수 있었다. 지금부터는 구글 태그 매니저의 원리와 사용 방법에 대해 알아보고자 한다.

태그 매니저는 말 그대로 페이스북 픽셀과 같은 태그를 관리하는 도구이다. 태그 매니저 자체에서 데이터를 수집하고 관리하는 것은 아니다. 우리가 태그 매니저를 통해 조건을 설정하면, 그 조건이 만족 되었을 때 해당 데이터를 원하는 태그로 전송할 수 있는 것이다. 태그 매니저를 통해 페이스북 픽셀을 설치한 경우, 기본적으로 사이트 방문 및 페이지뷰 등에 대한 데이터가 추적된다. 따라서 웹사이트에 사용자가 도착하면 해당 데이터를 태그 매니저가 페이스북 픽셀로 전송하게 된다. 이처럼 우리가 앞으로 해야할 일은 구글 태그 매니저를 통해 '특정 조건을 충족하는 경우가 발생하면, 해당 데이터를 페이스북 픽셀로 전송한다.'라는 명령을 입력하는 것이다.

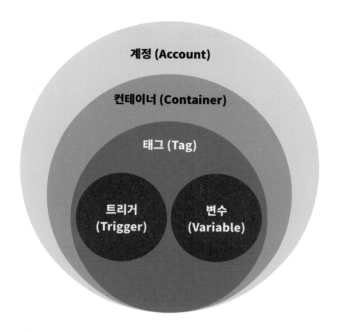

먼저 구글 태그 매니저의 구조를 살펴보자. 앞서 페이스북 광고 구조를 이해한 것과 같이 상위에서 하위로 내려오는 구조로 이해하면 쉽다. 계정(Account) → 컨테이너(Container) → 태그(Tag) → 트리거(Trigger) → 변수(Variable) 순서이다. 여기서 계정은 말 그대로 구글 태그 매니저를 이용하기 위한 계정에 불과하고, 컨테이너는 태그를 담는 그릇으로 이해하면 된다. 우리 브랜드 웹사이트에 페이스북 픽셀, 구글 애널리틱스, 구글 애드워즈 리마케팅 등의 태그를 설치하고자 한다면 1개의 컨테이너(그릇)를 먼저 웹사이트에 설치한 후 담고자 하는 태그들을 설치하는 개념이다. 때문에 자사의 브랜드 웹사이트의 추가 확장 또는 공식 블로그 등에도 구글 태그 매니저를 활용하고자 한다면 추가 컨테이너를 생성해야 한다.

본격적으로 알아야 할 것은 바로 변수, 트리거 그리고 태그에 대한 개념이다. 사실 이 부분은 아무리 쉽게 설명해도 처음 접하는 이에게는 외계어와 같이 느껴질 수 있다. 따라서 이 설명이 한 번에 충분히 이해가 가지 않는다 해도 걱정할 필요는 없다. 우리가 뒤에 함께 실습을 진행하며 직접 체득하고 나면 이해가 더욱 쉬워질 것이기 때문이다.

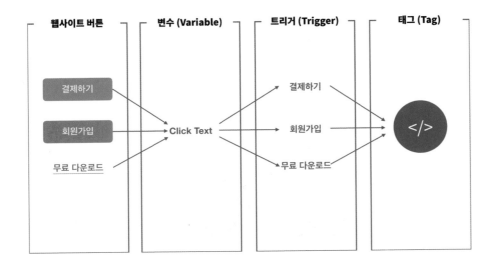

태그 매니저의 작업은 항상 아래와 같은 개념임을 떠올리고 작업하면 수월하다.

## "특정 조건(변수)을 충족하는 경우가 발생(트리거)하면, 해당 데이터를 보고서(태그)로 전송한다."

우리가 웹사이트에서 고객의 행동을 측정하고자 하는 3가지 버튼이 있다고 가정하자. 이 세 가지 버튼은 모두 텍스트로 구성되어 있기 때문에 측정하는 값(변수)의 구성은 Click Text이다. 하지만 3가지 버튼 모두 변수의 구성이 동일하기 때문에 여기서 끝난다면 각각의 버튼 클릭을 측정할 수 없다. 따라서 각 텍스트 버튼 클릭에 대한 데이터 측정 조건을 추가로 정의한다. 이것이 바로 트리거의 설정이다. 3가지 텍스트 버튼 클릭은 구성된 텍스트의 차이가 있기 때문에 각각의 텍스트를 기준으로 정의를 내릴 수 있다. '결제하기' 텍스트 클릭 시 [결제하기 버튼 클릭], '회원가입' 텍스트 클릭 시 [회원가입 버튼 클릭], '무료 다운로드' 텍스트 클릭 시 [무료 다운로드 버튼 클릭]으로 정의할 수 있을 것이다. 그리고 마지막으로 이 데이터를 우리가 분석하고 활용할 수 있도록 페이스북 픽셀로 전송(태그)하는 것으로 마무리한다.

물론 위 예시와 과정은 구글 태그 매니저의 변수, 트리거, 태그를 이해하기 위해 매우 간략하고 직관적으로 구성한 것이다. 실제 과정에서는 필요에 따라 더 많은 작업이 필요할 수도 있고, 개념은 더욱 복잡하기도 하다. 하지만 우리의 목적은 어디까지나 디지털 마케팅을 위한 태그 매니저의 활용이기 때문에 어려운 용어와 개념에 집착하지 말고 핵심만 빠르게 파악하도록 하자. 나머지 보다 자세한 내용들은 실습을 통해 이해하고 익혀가도록 한다.

# 버튼 클릭 이벤트 트래킹과 맞춤 타겟 생성 및 활용 전략

## 구글 태그 매니저로 사용자의 클릭 행동을 추적하자

가장 먼저 버튼 클릭 이벤트가 발생했을 때 이를 추적하고 활용하는 방법을 알아보자. 대부분의 버튼 클릭 이벤트는 페이스북 이벤트 픽셀로 손쉽게 추적이 가능하다. 구글 태그 매니저를 사용하는 방법은 상대적으로 복잡하기 때문에 클릭 이벤트에 한해서라면 굳이 사용할 필요는 없다. 하지만 간혹 페이스북 이벤트 픽셀이 인식하지 못하는 버튼이나 커스터마이징이 필요할 경우를 대비해 알아두자.

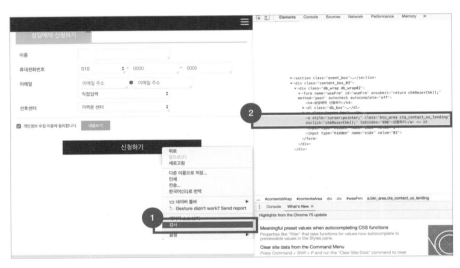

먼저 웹사이트에서 추적하고자 하는 버튼을 확인해보자. 예시로 잠재고객 신청하기 버튼 클릭을 이벤트로 측정할 것이다. 크롬 브라우저에서 해당 버튼에 우측마우스 버튼을 클릭한 뒤 [검사] 항목을 선택하면 해당 버튼의 소스를 확인할 수 있다. 우리가 버튼 클릭을 추적하기 위해 사용할 수 있는 변수의 유형은 여러가지가 있는데 대표적으로 Class, ID, URL, Text 등이다. 따라서 해당 버튼을 [검사] 항목을 통해 소스를 확인했을 경우 이 4가지 요소 중 어떠한 것이 반영되어 있는 지를 확인해야 한다. 다음과 같은 항목이 있는지 확인해보자.

• 클릭 버튼 요소 예시

```
<div class="btn_submit">
<a herf="https://www.hand100.com/content/page3" id="submit_button_
click">신청하기</a></div>
```

사이트 마다 차이가 존재하지만 위와 유사한 구조를 확인할 수 있을 것이다. 해당 요소들이 모두 존재하는 경우가 있고, 1개만 존재하는 경우도 있다. 우리는 이 중에서 사용할 수 있는 요소가 어떠한 것이 있는지만 파악하면 된다.

간혹 웹사이트의 특정 페이지에서 버튼은 여러개 존재하지만, 구성 요소가 모두 동일한(Class, Text, ID, URL 등) 값으로 설정되어 있는 경우가 있다. 이런 경우는 각각의 버튼을 구별하기 위해 Class 및 ID 구성 요소의 값을 달리 설정해야 한다. 이 때에는 개발자의 도움을 받도록 하자.

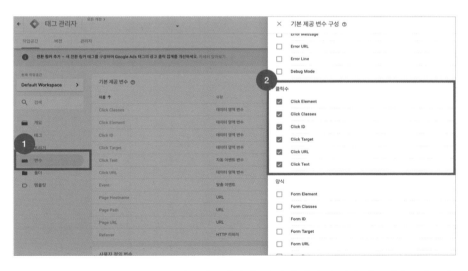

다시 구글 태그 매니저로 돌아오자. 생성한 컨테이너에서 좌측의 [변수] 항목을 선택한다. 이어 우측에 있는 [구성] 버튼을 누르면 구글 태그 매니저에서 기본으로 제공하는 변수의 구성을 확인할 수 있다. 스크롤을 내려보면 [클릭수] 영역이 보이는데 이 항목에서 보이는 클릭과 관련된 변수들을 선택해 언제든지 사용할 수 있도록 한다. 이 선택은 매번 하는 것이 아니라 한 번 선택하면 언제든지 쓸 수 있는 것이기에 불필요한 항목이 아니라면 처음부터 모두 선택하는 것도 좋다.

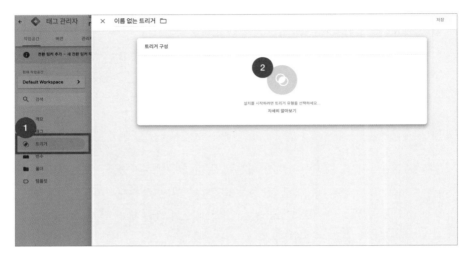

이어서 데이터 측정 조건을 선택하기 위해 1번의 [트리거]로 넘어가 [새로 만들기] 버튼을 클릭 하고 2번의 [트리거 구성]을 클릭한다.

바로 트리거 유형을 선택할 수 있게 되는데, '클릭' 유형은 [링크만], [모든 요소] 두 가지 유형으로 나누어진다. 링크만 사용하는 경우라면 [링크만] 유형을 선택해

도 무방하나, Class, ID, Text 등의 요소를 사용하고자 한다면 [모든 요소]을 선택한다. 여기서는 Class 유형을 대표적으로 선택해서 진행할 것이기 때문에 [모든 요소]을 선택해 보자.

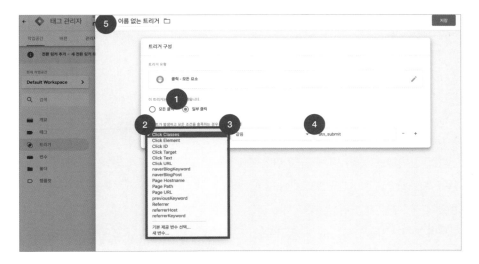

1번 처럼 트리거의 실행 조건을 [일부 클릭]으로 선택하면, 추가 선택 영역이 나타난다. Class 값을 기준으로 클릭 이벤트를 측정할 것이기 때문에, 2번에서 [Click Classes]를 선택, 3번에서는 [같음] 또는 [포함]을 선택하고 4번에서 버튼의 Class 값을 복사해서 붙여넣기 한다. Class 값은 앞의 예시에서 초록색으로 표시된 "btn_submit"이 된다. 마지막으로 5번에서 해당 트리거의 이름을 정의해 준 뒤 [저장] 버튼을 누른다. 여기까지 왔다면 나머지 항목들의 응용은 매우 쉬울 것이다. id를 기준으로 측정하고자 한다면 2번에서 [Class ID]를 선택하고 4번에서 해당 값을 복사해서 붙여넣기 하면 된다. URL 및 Text도 마찬가지이다.

이제 마지막 단계인 태그 설정 단계이다. 좌측의 [태그] 항목을 클릭하면 다음과 같은 화면이 보인다. 1번 트리거를 통해 설정한 측정 기준을 만족하는 데이터가 발생할 경우 해당 데이터를 2번의 태그로 전송하도록 하는 작업이다. 먼저 트리거를 선택해보자.

보이는 목록 중 앞서 생성한 트리거를 선택한다.

이어서 다시 이전의 화면으로 돌아오게 되면 1번의 태그 구성을 클릭한다. 우측의 태그 유형이 나열된 것을 볼 수 있다. 구글과 관련된 태그는 추천 항목에 나타나지만 페이스북은 나타나지 않는다. 따라서 직접 태그를 설정해 줘야 하기 때문에 [맞춤설정]에서 2번의 [맞춤 HTML]을 선택한다.

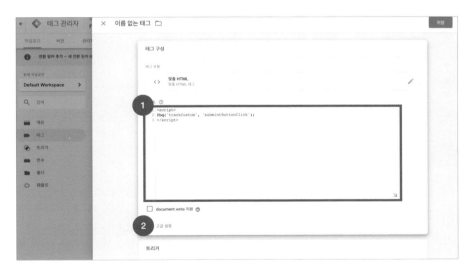

1번에 빈 칸이 보이면 해당 칸에 아래와 같은 스크립트를 작성해서 넣는다.

```
<script>
fbq('trackCustom', 'submitButtonClick');
</script>
```

갑자기 스크립트를 작성해야 한다고 해서 당황하지 말자. 페이스북에서 기본적으로 제공하는 이벤트 픽셀은 '표준' 이벤트이다. 하지만 지금 우리가 설정하고 추적하고자 하는 버튼 클릭은 그 외의 이벤트를 설정하는 것 이기에 '맞춤' 이벤트로 인식 시키려 하는 것이다. 따라서 'trackCustom'이라 분류하고, 해당 이벤트의 이름을 'submitButtonClick' 이라고 인식 하겠다는 뜻이다. 단순한 스크립트이고 이것이 끝이니 더 이상 부담 가질 필요는 없다. 이어서 아래 2번의 [고급 설정] 항목을 클릭하자.

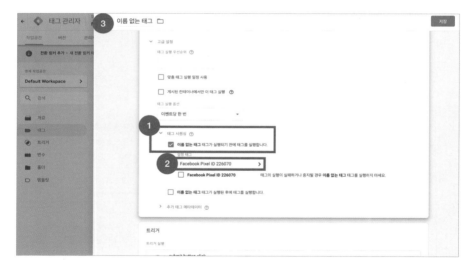

측정하고자 하는 버튼 클릭 이벤트를 페이스북 픽셀로 전송하기 위해, 해당 스크립트를 설치된 기본 페이스북 픽셀이 발동된 후 발동시키겠다는 조건을 설정한다. 1번의 태그 시퀀싱을 펼쳐 '해당 태그가 실행되기 전에 태그 실행' 옵션을 선택하자. 이어서 2번에서 구글 태그 매니저를 통해 설치했던 페이스북의 기본 픽셀을 선택한다. 마지막으로 3번의 태그 이름을 알기 좋게 작성한 뒤 [저장] 버튼을 눌러 완성한다.

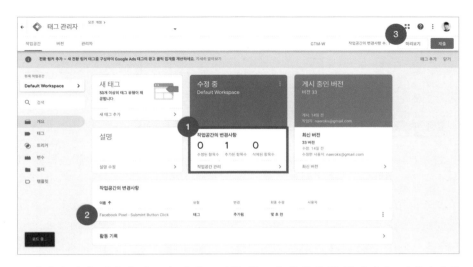

이제 우리가 설정한 태그가 제대로 작동되는 지 확인해 볼 차례이다. 컨테이너의 작업공간으로 돌아오면 1번 영역에서 변경사항을 확인할 수 있다. 아래로 조금 내려와 2번 영역에서 어떤 변경사항이 있는지 보다 상세한 확인이 가능하다. 작업한 내용이 맞는 지 확인을 마친 후 3번의 미리보기(디버깅) 버튼을 누른다.

이후 해당 태그를 적용한 웹사이트에 돌아오면 하단에 태그매니저 창이 뜨는걸 볼 수 있다. 우리가 설정한 것은 신청하기 버튼 클릭 시 해당 데이터를 페이스북 픽셀로 전송하겠다는 것이기 때문에, 1번의 신청하기 버튼을 눌러서 확인한다. 2번과 같이 우리가 설정한 태그가 [Tags Fired On This Page] 항목에 나타난다면 정상적으로 작동하는 것이다. 이제 태그매니저로 돌아와 우측 상단 [제출] 버튼을 누르면 완성이다.

### 클릭 이벤트를 활용한 맞춤 타겟 만들기

구글 태그 매니저를 활용했을 때의 가장 큰 이점은 단순 트래킹 뿐만 아니라 이를 활용한 마케팅까지 가능하다는 것이다. 우리가 사용자의 특정 행동을 추적한 후 그것을 분석하는 것에서 그친다면 더 나은 결과를 기대하기 어려울 것이다. 추적한 데이터를 기반으로 이후의 액션 플랜까지 가능해야 하는데, 구글 태그 매니저와 페이스북 픽셀을 활용한다면 그것이 가능하다. 체험판 사용 신청, 상담예약 신청, 장바구니 담기 등 우리 서비스에 관심을 보인 사용자만 추출해서 그들의 니즈에 맞는 메시지를 전달할 수 있다면? 지금부터 이것을 가능케 하는 버튼 클릭 이벤트 맞춤 타겟 생성 방법에 대해 알아보자.

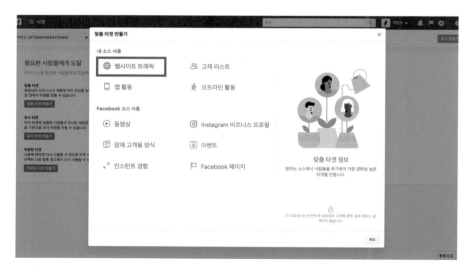

앞서 맞춤 타겟을 만들었던 방법과 동일하게 [타겟 만들기 > 맞춤 타겟 > 웹사이트 트래픽]의 경로로 이동한다.

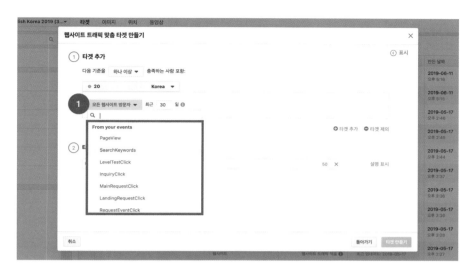

　1번의 드랍다운 버튼을 누르면 기본적으로 제공되던 항목인 사이트 방문자, 특정
페이지 방문자 외에도 설정한 이벤트 항목들을 선택할 수 있다. 이 중 원하는 항목
을 선택하고 타겟의 이름을 입력한 뒤 만들기 버튼을 누르면 완성 된다.

# ✎ 페이지 스크롤 이벤트 트래킹과 맞춤 타겟 생성 및 활용 전략 ✎

## 랜딩 페이지와 콘텐츠의 성과를 측정하자

웹사이트에서 랜딩 페이지는 고객에게 정보를 전달하고, 고객을 설득하는 역할을 한다. 때문에 콘텐츠 기획자는 이 랜딩 페이지를 기획하고 제작하는 것에 매우 심혈을 기울인다. 하지만 랜딩 페이지의 성과를 어떻게 측정할 수 있을까? 과거 본인의 커리어 중에서 매우 힘들었던 기억이 있는데, 바로 매출이 나올 때까지 랜딩 페이지를 변경하는 것이었다. 상품 구매가 이루어지는 랜딩 페이지를 계속해서 뜯어 고치는 작업이었는데, 문제는 페이지를 변경하는 것에 있어 뚜렷한 근거 없이 추측으로만 진행 됐기 때문이다.

물론 체류시간과 이탈률이라는 지표가 있지만 두 지표만으로 랜딩 페이지의 성과를 측정하기에는 한계가 있다. 체류시간이 낮고 이탈률이 높다면 해당 페이지의 구조와 내용을 모두 바꿔야 할까? 체류시간이 긴 것이 좋은 지표인가? 고객이 원하는 정보를 찾지 못해서 그런 것은 아닐까? 이탈이 발생했다면 무슨 이유로 이탈이 발생한 것인가?

이처럼 우리는 해당 지표만으로 고객 이탈의 정확한 포인트를 알 수 없다. 따라서 우리는 랜딩 페이지의 성과를 측정하기 위한 보조 지표로서 스크롤 트래킹을 사용할 수 있는데, 이는 고객이 페이지를 어디까지 내려 봤는지 확인할 수 있는 기능이다. 해당 지표가 있다면 구조를 바꿔야하는 타당성을 확인할 수 있고, 페이지 내 영상 콘텐츠의 적절한 위치도 확인할 수 있으며, 굳이 모든 요소를 변경하지 않고 CTA 버튼의 위치를 변경하는 것 만으로도 즉각적인 성과를 기대할 수 있을 것이다.

스크롤 트래킹은 단순 웹사이트에서의 페이지 성과 측정 뿐만 아니라 언론사나 블로그와 같은 콘텐츠 기반의 플랫폼에서도 매우 유용하게 사용될 수 있다. 고객이 콘텐츠를 끝까지 읽어 내려가지 않는다면, 구조의 변화를 주거나 지속적인 Hooking이 가능하도록 문단을 나눈 뒤 소제목을 매력적으로 작성하는 방법 등을 적용해 성과를 비교해 볼 수 있기 때문이다.

리마케팅을 진행함에 있어서도 단순 페이지 방문자 보다 상세페이지의 내용을 끝까지 읽어내려간 잠재고객을 맞춤 타겟으로 설정한다면 광고의 효율성 또한 높아질 것이다. 다만 이 때 그 모수가 지극히 적은 경우에는 무의미한 방법이 되겠다.

## 구글 태그 매니저로 스크롤 트래킹 시작하기

스크롤 트래킹을 설정하는 방법도 앞서 설정한 버튼 클릭 이벤트와 별반 다르지 않다. 동일하게 변수 〉 트리거 〉 태그 순서로 설정하며, 이미 한 번 해봤기에 보다 쉽게 적용할 수 있을 것이다. 자잘한 설명은 뒤로 하고 바로 [변수] 항목으로 이동하자.

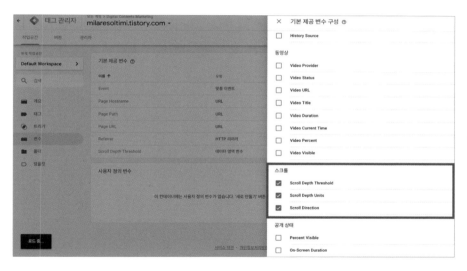

클릭 이벤트 때와 같이 기본 제공 변수 중에서 스크롤 관련 변수를 확인하고 체크박스를 눌러 활성화 시킨다. 각각의 항목에 대한 설명을 추가하자면 아래와 같다.

- Scroll Depth Threshold : 스크롤의 깊이를 측정 (10, 30, 50, 70, 100)
- Scroll Depth Units : 스크롤 깊이를 측정하는 기준 (픽셀, 퍼센트)
- Scroll Direction : 스크롤 방향 (가로, 세로)

이어서 트리거 항목으로 이동한 뒤 [트리거 구성]을 클릭해 트리거 유형 중 [스크롤 깊이]를 선택한다.

[스크롤 깊이]를 선택하면 1번 영역에서 세로 스크롤과 가로 스크롤 중 선택을 하게 된다. 웹과 모바일은 기본적으로 세로 스크롤 방식이기 때문에 세로 항목을 선택해 준다. 이어서 2번 영역에서 트래킹 하고자 하는 스크롤의 깊이를 퍼센트(%) 단위로 기입해 주면 된다. 예를 들어 25%, 50%, 75%, 100% 와 같이 설정해 주

게 되는데, 이 때 깊이의 단위를 너무 좁게 설정하면 트래킹 되는 이벤트와 발동 되는 태그의 숫자가 매우 많아지기 때문에 사이트의 페이지 길이를 고려해서 적절한 비율로 끊어주는 것이 좋다.

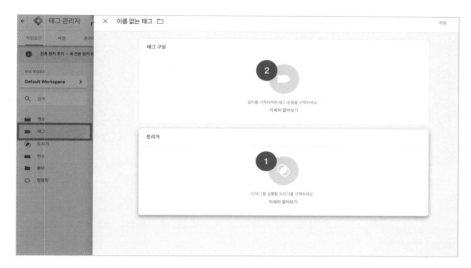

이렇게 트리거 설정 작업이 완료됐다면 마지막 영역인 [태그] 항목으로 이동하자. 1번 트리거를 설정한 후 2번의 태그 구성을 설정해 완료하는 순서이다.

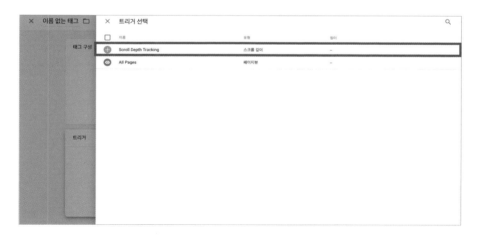

트리거에서는 앞서 생성한 트리거를 확인하고 선택해 주면 된다. 예시에서는 이 트리거를 'Scroll Depth Tracking' 이라고 이름 지었다.

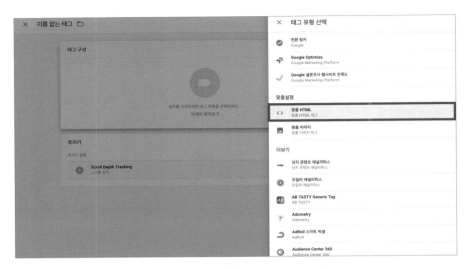

이어서 [태그 구성]을 선택한 다음 [맞춤 HTML]을 선택하자.

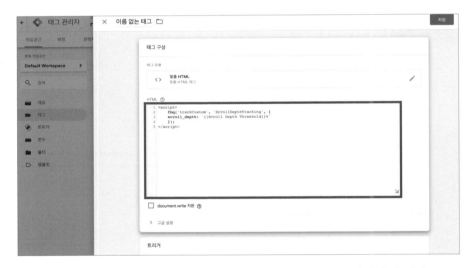

다음과 같은 화면이 보이면 빈 칸에 아래와 같은 스크립트를 입력하면 된다.

```
<script>
fbq('trackCustom', 'ScrollDepthTracking', {scroll_depth: '{{Scroll
Depth Threshold}}%'});
</script>
```

마찬가지로 크게 어려운 내용은 아니다. 'trackCustom'은 해당 데이터가 발생 시 표준 이벤트가 아닌 맞춤 이벤트로 인식하겠다는 뜻이고, 'ScrollDepthTracking'은 이 이벤트를 지칭하는 이름을 정의해 준 것이다. 더불어 이어지는 내용은 실제 스크롤 깊이가 트래킹 될 때 'Scroll Depth Threshold'에서 입력한 비율의 값을 가져오겠다는 것으로 이해하면 된다.

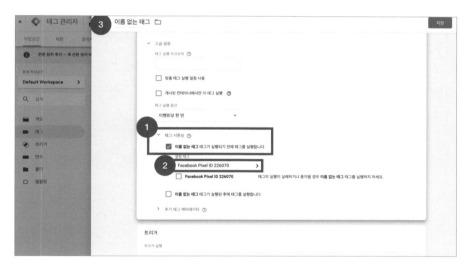

아래로 조금 내려와 [고급 설정] 항목을 선택하고 1번의 [태그 시퀀싱]을 클릭한 뒤 [이름 없는 태그가 실행되기 전에 태그 실행]을 선택한다. 이어서 2번 영역에서 기존에 설치한 기본 페이스북 픽셀을 선택해 준다. 마지막으로 3번에서 해당 태그의 이름을 입력하고 완성한다.

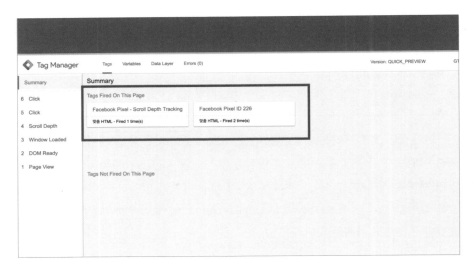

    좌측의 [개요] 항목을 선택하고 컨테이너 작업공간으로 돌아와 우측 상단의 [미리보기]를 클릭한 뒤 웹사이트로 이동하자. 화면 아래 구글 태그 매니저 창이 뜨면 특정 페이지의 랜딩 페이지를 스크롤 하며 설치한 태그가 제대로 작동하는 지 확인해 본다. 위 화면과 같이 태그가 제대로 작동하는 것이 확인된다면 구글 태그 매니저에서 [제출] 버튼을 눌러 적용한다.

## 스크롤 깊이 트래킹을 활용한 맞춤 타겟 만들기

마찬가지로 측정한 데이터를 활용하기 위해 스크롤 깊이에 따른 맞춤 타겟을 생성
해 보자.

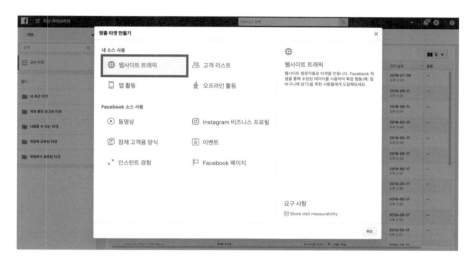

우리가 측정한 데이터는 웹사이트에서의 고객 행동을 기반으로 하는 것이기에
맞춤 타겟을 생성하는 경로 역시 크게 다르지 않다. [타겟 만들기 > 맞춤 타겟 > 웹
사이트 트래픽]의 경로로 이동하자.

1번에서 드롭다운 버튼을 눌러 설정한 이벤트에서 [Scroll Depth Tracking] 항목이 나오는지 확인하자. 생성한지 얼마 되지 않았을 경우 데이터를 수집하는 시간과 모수로 인해 항목이 보이지 않을 수 있다. 그럴 경우 넉넉하게 하루가 지난 이후에 확인해보자. 스크롤 깊이 트래킹 이벤트의 경우 앞의 클릭 이벤트와는 다르게 스크롤 깊이(%) 정보를 추가해야 한다. 2번의 세분화 기준을 클릭해 세부 설정을 추가해 보자.

[세분화 기준]을 클릭했을 때 [URL/매개변수] 항목을 선택하면 위와 같은 화면을 볼 수 있다. 1번 영역과 같이 드롭다운 버튼을 눌러 [scroll_depth]를 클릭하고

타겟팅 하고자 하는 정도를 입력하자. 이어서 2번의 타겟 이름을 지정한 후 만들기 버튼을 눌러 완료한다.

### 스크롤 깊이 타겟팅의 활용 전략

제품의 상세페이지에서 그리고 콘텐츠 페이지에서 스크롤을 많이 내린 것이 고객의 관여도를 측정할 수 있는 기준이 될까? 스크롤 깊이를 측정함으로써 해당 페이지와 콘텐츠의 성과를 측정하는 방법으로 활용할 수는 있다. 하지만 이것이 잠재고객의 퀄리티를 판단할 수 있는 기준으로 이어지지는 않는다. 페이지의 스크롤을 끝까지 내려봤다는 것은 제품 또는 서비스의 관심이 많기 때문이라고 볼 수도 있겠지만, 반대로 원하는 정보를 찾지 못했기 때문이라고 판단할 수도 있기 때문이다. 때문에 이 역시 보조적인 지표가 있어야만 관여도가 높은 잠재고객을 선별할 수 있을 것이다.

스크롤 깊이 트래킹을 활용할 때는 위와 같은 점을 고려해 스크롤 깊이라는 단일 조건만으로 타겟팅을 생성하고 집행하는 것을 권장하지 않는다. 이 외에 추가적으로 관여도가 높은 잠재고객임을 판단할 수 있는 추가 지표 및 데이터에 대한 정보를 반영해서 타겟팅을 하는 것이 좋다.

먼저 우리 브랜드의 전환 고객을 선별하자. 비즈니스 마다 그 기준은 리드 전환이 될 수도 있고, 회원가입 및 구독신청이 될 수도 있으며, 결제완료가 될 수도 있을 것이다. 다음으로 이러한 고객들은 웹사이트에서 어떤 공통적인 행동양식을 보이는지 분석하자. 이들의 평균 페이지 뷰, 체류시간, 재방문 비율, 조회한 페이지, 클릭한 버튼, 스크롤 깊이 등의 데이터가 필요할 것이다. 해당 조건을 조합하고 분류해 최적화된 기준을 찾아낸 다음 이를 적용해 관여도 높은 잠재고객을 타겟팅 하기 위해 스크롤 깊이 측정 기준을 이용한다. 결론적으로 스크롤 깊이 조건과 함께 추가적인 타겟팅 조건을 적용해 타겟팅의 정확도를 높이는 것이다. 이것이 가능하다면 우리는 구매로 이어질 수 있는 타겟을 매우 정확하게 공략할 수 있을 것이다. 구체적인 생성 방법은 이어지는 유튜브 영상 재생률에 따른 맞춤 타겟 전략에서 함께 살펴보자.

# 유튜브 영상 재생률에 따른 맞춤 타겟 생성 및 활용 전략

### 우리의 영상 콘텐츠는 얼마나 매력적일까?

영상 콘텐츠 만큼 제품과 서비스의 특징을 잘 표현할 수 있는 형태도 드물다. 유형의 제품일 경우 그 사용법과 효능을 직접 보여줄 수 있고, 무형 제품의 경우 실제 어떠한 형태로 진행되는지 체감할 수 있기 때문이다. 때문에 웹사이트의 상세페이지에서는 고객을 설득하기 위한 장치로 영상 콘텐츠를 활용하는 경우가 많다. 그런데 과연 이 영상 콘텐츠는 얼만큼 효과적일까? 고객은 이 영상을 얼만큼 시청할까?

이러한 궁금증을 해소해 줄 수 있는 것이 바로 유튜브 영상 재생률 트래킹이다. 이 방법을 활용한다면 기본적으로 영상 콘텐츠가 고객에게 얼만큼 매력적으로 느껴지는 지 확인할 수 있다. 만약 만족스럽지 못한 데이터를 확인했다면 영상 콘텐츠의 스토리텔링 구조를 수정할 수도 있고 페이지 내 위치를 변경할 수도 있으며, 만족스러운 데이터를 확인했다면 영상 콘텐츠를 활용한 고객 전환을 증대시키기 위해 노출 경로를 더욱 확장할 수 있을 것이다.

## 웹사이트 내 유튜브 영상 재생률 트래킹하기

이미 앞선 두 번의 경험을 통해 구글 태그 매니저에 조금 더 친숙해 졌을 것이다. 항상 그랬듯이 [변수 〉 트리거 〉 태그]의 순서대로 설정을 진행할 것이며, 태그 매니저의 작동 원리를 생각하며 진행하면 보다 수월할 것이다.

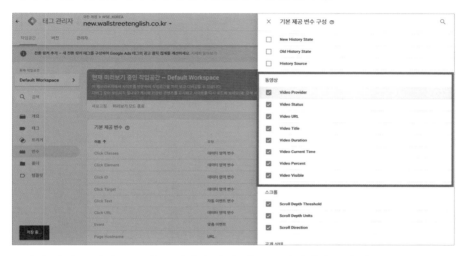

가장 먼저 측정하고자 하는 데이터 값의 항목을 활성화시켜야 한다. [변수] 탭에서 기본 제공 변수 구성 중 '동영상'과 관련된 모든 항목을 선택한다.

이어서 [트리거] 항목에서는 우리가 측정하고자 하는 내용과 동일하게 [YouTube 동영상] 항목을 선택한다.

트리거 항목의 세부 조건 중 재생률을 측정할 것이기 때문에 먼저 '진행률' 체크박스를 선택하고 비율을 쉼표로 구분해 입력해 준다. 스크롤 깊이를 측정할 때는 25, 50, 75, 100의 4단계로 구성을 해주었지만, 영상 재생의 비율의 경우 10, 25, 50, 75, 100의 5단계로 구성해 보았다. 이는 영상 콘텐츠를 소비하는 특성을 반영한 것인데, 재생 직후 3~5초 이후 재생률이 급격하게 줄어들기 때문에 이를 보다 세밀하게 파악하고자 10% 재생 단계를 추가했다. 다만 이는 영상 콘텐츠 소재의 종류와 측정 목적에 따라 다르며, 영상 재생의 비례하여 반영해야 한다는 점에 주의하자. 예를 들어 20초 분량의 영상에서 10% 재생을 측정하면 약 2초 정도의 지점이 되기 때문에 측정이 다소 무의미해 질 수도 있다.

하단의 고급 항목에서는 [자바스크립트 API 지원을 모든 YouTube 동영상에 추가합니다]를 선택하고, 트리거 실행 조건은 [창 로드(gtm.load)]를 선택한 뒤 [전체 동영상]에서 트리거가 실행되도록 선택한다.

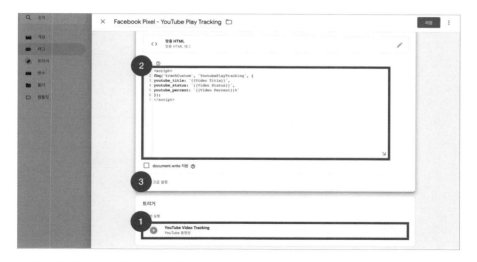

마지막 단계인 [태그] 탭에서는 1번과 같이 앞서 설정한 트리거를 불러와 주고, 2번 영역에서 측정 데이터를 페이스북 픽셀로 전송할 수 있도록 스크립트를 작성해서 넣어준다.

```
<script>
fbq('trackCustom', 'YoutubePlayTracking', {
youtube_title: '{{Video Title}}',
youtube_status: '{{Video Status}}',
youtube_percent: '{{Video Percent}}%'
});
</script>
```

앞서 두 번의 실습에서 위와 같은 스크립트 구조에 대해 조금이나 이해가 되었다면, 위 스크립트 구조를 해석해 보는 것도 매우 도움이 될 것이다. 이러한 구조에 익숙해지게 되면 굳이 높은 수준의 개발 지식 없이도 디지털 마케터로서 실무를 진행하는데 필요한 각종 스크립트에 대한 이해도가 높아지기 때문이다.

해당 작업이 완료되면 3번의 고급 설정을 클릭해서 기타 세부사항을 설정하자.

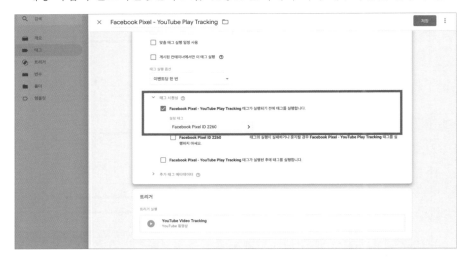

'태그 시퀀싱' 영역에서 유튜브 영상 트래킹이 실행되기 전에 페이스북 기본 픽셀이 실행되도록 체크박스를 선택하고, 바로 밑 실행 태그에서 기본 페이스북 픽셀 태그를 선택해 준다. 여기까지 왔다면 태그의 이름을 입력하고 저장 버튼을 누른 뒤 구글 태그 매니저 작업공간 우측 상단의 [미리보기]를 클릭하고 웹사이트로 이동하자.

실제 웹사이트에서 유튜브 동영상 트래킹이 제대로 작동하는지 확인해 보자. 웹

사이트 하단의 구글 태그 매니저 창에서 재생률에 따라 태그가 발동 되는 것을 확인했는가? 위 화면에서는 'Fired 3 time(s)'라고 표기된 것과 같이 3번의 트래킹이 발송됐는데, 이는 영상 (1)시작, (2)10%재생, (3) 25%재생이 트래킹 됐기 때문이다. 만약 영상을 100% 시청했다면 재생률 조건 5개와 시작 및 종료가 포함되어 7번 태그가 작동한 것이 확인될 것이다.

## 유튜브 재생률에 따른 맞춤 타겟 생성하기

유튜브 영상을 일정 수준 이상 시청한 잠재고객을 대상으로 하는 맞춤 타겟을 생성해 보자. 스크롤 깊이에 따른 맞춤 타겟 생성과 매우 유사하기 때문에 위 과정을 한 번 경험해 봤다면 어렵지 않게 따라할 수 있다.

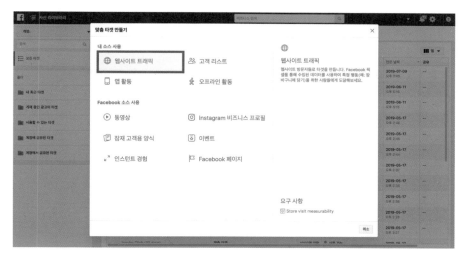

[타겟 만들기 〉 맞춤 타겟 〉 웹사이트 트래픽] 경로로 이동하자.

1번의 드롭다운 버튼을 눌러 [Youtube Play Tracking] 항목을 선택하고 2번의
[세분화 기준]을 클릭해 [URL/매개변수] 항목을 선택한다.

이어서 매개변수는 [youtube_percent]를 클릭하고 빈칸에 재생률을 입력한다.
예시에서는 75%의 재생률을 입력해 보았다. 마지막으로 2번에서 타겟의 이름을 지
정한 후 만들기 버튼을 눌러 완성한다.

## 유튜브 재생률 타겟팅의 활용 전략

유튜브 동영상 재생률에 따른 맞춤 타겟 활용 전략은 앞의 스크롤 타겟팅과 매우 유사하다. 이 역시 단순 재생률에 따른 타겟팅에 의미를 두기 보다 가치가 높은 고객의 행동을 기반으로 고관여의 잠재고객을 위한 타겟팅 조건으로 활용하는 것이 좋다. 예를 들어, 특정 상세페이지 영역에서 페이지 스크롤의 깊이가 깊고, 영상의 재생률까지 높은 고객은 상품 및 서비스에 대해 매우 관심이 높은 고객으로 분류할 수 있기 때문에 단순 페이지 방문자 보다 훨씬 높은 효율을 기대할 수 있다. 이와 같은 고객을 타겟팅 하는 방법은 아래와 같다.

[타겟 만들기 〉 맞춤 타겟 〉 웹사이트 트래픽]의 경로로 들어오자. 가장 먼저 할 것은 1번에서 충족 기준을 '모두'로 변경해 주는 것이다. 우리가 생성할 타겟은 특정 상세페이지를 방문했고, 스크롤을 75% 이상 내려봤으며, 해당 페이지에 게재된 동영상을 50% 이상 시청한 사용자이기 때문에 해당 조건을 '모두' 충족해야 한다는 것으로 정의한 것이다.

이어서 2번 영역에서는 특정 페이지에서의 스크롤 깊이에 대한 타겟팅 조건을 먼저 설정해 주자. 이벤트 중 [Scroll Depth Tracking] 항목을 선택하고 바로 밑의 [세분화 기준]을 클릭해 [URL/매개변수] 항목을 선택하면 위와 같이 추가 조건을 입력할 수 있다. 여기서 [scroll_depth]의 매개변수를 선택하고 빈 칸에 75%를 입력한다. 바로 밑의 [+필터 추가]를 누르고 매개변수는 [URL]을 선택한 뒤 빈 칸에는 특정 페이지의 URI를 입력한다.

이제 추가적으로 유튜브 동영상 재생률에 대한 조건을 설정해야 하기에 3번의 [규칙 세분화]를 눌러 설정을 이어가자.

드롭다운 버튼을 눌러 [YouTube Play Tracking] 이벤트를 선택하고 바로 아래 [세분화 기준]을 클릭해 [URL/매개변수] 항목을 선택한다. 위와 같은 화면이 되면 매개변수 항목에서 [youtube_percent]를 선택하고 빈 칸에 '50%'를 입력한다. 이어서 [+필터 추가]를 누르고 위에서 스크롤 깊이 조건을 설정할 때와 마찬가지로 URL 정보를 입력해 준다. 마지막으로 타겟 이름을 지정하고 만들기 버튼을 눌러 완성한다.

# 맞춤 전환을 활용한 페이스북 광고 최적화 전략

## 고객은 우리가 원하는 행동을 했는가?

앞으로 설명할 맞춤 전환을 이해하기 위한 질문이다. 고객이 우리가 원하는 행동을 했는가? 만약 그렇다면 그 행동의 가치는 얼마나 되는가?

우선 전환이라는 용어와 개념을 다시 한 번 짚고 넘어가자. 전환은 고객이 우리가 원하는 행동 또는, 특정 단계로 이동 했다는 것을 뜻한다. 이 때 전환은 비즈니스 및 마케팅의 목적에 따라 정의되는데 회원가입이 될 수도, 리드생성이 될 수도, 그리고 구매가 될 수도 있다. 여기서 중요한 것은 전환이라는 행동에 대한 가치의 부여이다.

예시를 통해 알아보자. 한 손해보험사가 있다. 이 보험사의 비즈니스 모델은 당연히 고객의 보험 가입이 될 것이다. 다만 이 가입이라는 것이 그저 온라인에서 즉각적으로 이루어지지는 않는다. 고객은 우선 보험 정보를 얻기 위해 해당 보험사 브랜드 사이트에 방문하게 되고, 더 자세한 정보를 얻고, 보다 정확한 맞춤 상품을 소개 받기 위해 상담을 예약한다. 보험사는 상담 요청을 받은 후 해당 고객에게 전화로 안내를 하고, 방문일정을 알려준 뒤 직접 방문 후 상담 및 영업을 통해 가입을 이끌어낸다.

위 과정에서 우리는 고객이 이탈되는 포인트 파악과 함께 그 비율을 확인할 수 있다. 사이트에 방문한 고객은 ① 상담예약 버튼을 클릭 하거나 그냥 떠날 수 있고 ② 전화를 받거나 받지 않을 수 있다. 또한 ③ 방문 상담을 통해 가입을 할 수도, 하지 않을 수도 있다. 각 포인트의 고객 비율을 알기 위해 숫자를 추가해 보자. 하루 1,000명의 고객이 보험사 사이트에 방문한다고 하고 이 중 약 100명이 상담예약 버튼을 클릭한다. 실제 전화를 받고 방문 일정을 잡는 고객은 약 20명이고 방문상담 후 실제 가입까지 이루어지는 경우는 약 10명이다. 마지막으로 이 보험사의 가입당 평균 고객가치는 약 30,000,000원이다.

이제 우리는 이 데이터를 가지고 웹사이트에서 상담예약 버튼을 클릭하는 행동에 대한 가치를 부여할 수 있다. 상담예약 버튼을 클릭한 고객 100명 중 실제 가입으로 이어지는 숫자는 10명으로 약 10%이기 때문에, 고객 1명의 생애가치 30,000,000원에 10%를 곱하게 되면 버튼 클릭 당 가치는 3,000,000원으로 환산된다. 바꿔 말해 상담예약 버튼 클릭당 3,000,000원의 가치가 있기 때문에 10번의 상담예약 클릭이 발생해야 보험사는 30,000,000원의 가치를 얻을 수 있게 되는 것이다.

이 개념과 방법에 대한 이해를 바탕으로 우리는 웹사이트에서 발생하는 고객의 중요한 행동에 대해 가치를 부여할 수 있다. 이 가치를 기반으로 웹사이트의 경로를 보다 최적화할 수 있고, 가치가 높은 고객을 선별해 마케팅을 진행하는 것이 가능하다. 또 나아가 페이스북 픽셀의 맞춤 전환이라는 기능을 활용해 새로운 신규 고객을 유치하는 것에 있어서도 전환율이 높은 고객을 타겟팅 하는 것이 가능하다.

## 전환율이 높은 잠재고객을 타겟팅하자!

지금부터 우리가 해 볼 것은 바로 이 맞춤 전환 설정을 통해 보다 가치 높은, 전환율이 높은 잠재고객을 타겟팅 하는 방법이다. 특히 여기서 말하는 가치란 기존 잠재고객들이 웹사이트에서 남긴 행동(이벤트)을 기반으로 그와 유사한 행동을 할 가능성이 높은 사용자를 타겟팅 하는 것이기에 더욱 유용한 방법이다.

프로세스는 다음과 같이 진행된다. 우선 측정하고자 하는 고객의 행동을 이벤트로 설정하거나 이미 설정된 이벤트를 선택해 맞춤 전환으로 정의한다. 맞춤 전환을 정의하는 과정에서 해당 전환에 대한 가치를 부여한다. 마지막으로 광고를 집행할 때 위에서 정의한 맞춤 전환에 더욱 최적화된 타겟팅이 가능하도록 설정하고 완성한다.

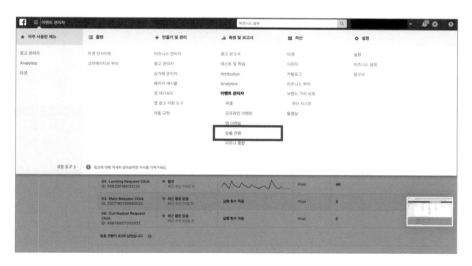

맞춤 전환 설정을 위해 메뉴 버튼을 눌러 [이벤트 관리자 〉 맞춤 전환] 항목으로 이동하자.

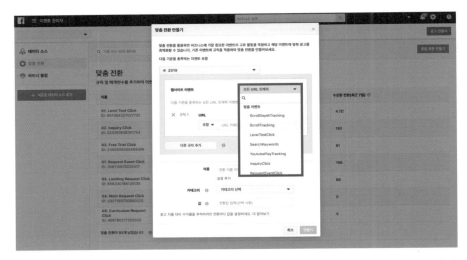

[맞춤 전환 만들기] 버튼을 누르면 위와 같은 화면을 볼 수 있는데, 여기서 이벤트 항목의 드롭다운 버튼을 클릭하면 기존에 설정한 이벤트 항목들을 확인할 수 있다. 이벤트를 설정하는 방법은 앞서 설명한 이벤트 픽셀 활용 방법과 구글 태그 매니저를 활용한 버튼 클릭, 스크롤 깊이, 유튜브 재생률 트래킹 등을 참고하면 된다.

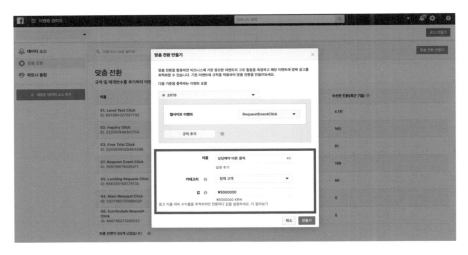

선택한 맞춤 전환에 대한 [이름]을 입력하고 해당 전환에 대한 [카테고리]를 설정한 후 전환 가치인 [값]을 입력하면 매우 쉽게 완성된다. 여기서 전환 가치를 설정할 때는 앞서 예시로 설명한 손해보험사와 같이 고객의 생애가치를 전환율 기반

으로 계산하면 환산이 가능하다. 여기까지 설정했다면 이 맞춤 전환을 활용해 전환율이 높은 잠재고객을 타겟팅 하는 광고를 설정해보자

광고를 설정하기 위해 [광고 관리자]로 이동한다.

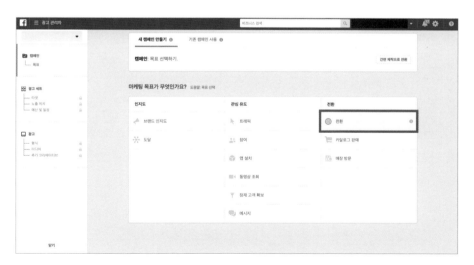

우리의 광고 목표는 전환율이 높은 고객을 타겟팅 하는 것, 또는 유입된 고객이 전환을 일으키는 것이 목적이다. 때문에 마케팅 목표를 설정하는 캠페인 단계에서 [전환]을 선택한다.

앞서 트래픽을 캠페인으로 설정했던 것과 다르게 전환 캠페인을 설정한 경우는 위와 같이 전환 항목이 추가된다. 표시된 부분을 보면 맞춤 전환에서 설정한 전환 항목이 자동으로 선택되어 있다. 위와 같은 설정의 의미는 기존 잠재고객이 상담예약 버튼을 클릭한 데이터를 기반으로 그와 동일한 전환을 일으킬 확률이 높은 잠재 고객을 타겟팅 하고, 실제 전환을 일으키는 것까지 추적하겠다는 것이다. 이러한 전환 캠페인의 장점은 추후 리포트에서 실제 광고로 인해 몇 개의 전환이 발생했는지, 1개의 전환을 일으키기 위해 얼마의 비용이 소진 되었는지 등의 데이터를 확인할 수 있다는 것이다.

설정한 또 다른 맞춤 전환이 있다면 X표시를 눌러 다른 전환으로 변경하는 것 또한 가능하다. 다만 한 번에 여러개의 전환을 설정할 수는 없기 때문에 다른 맞춤 전환을 설정하고자 한다면 캠페인을 추가로 생성해야 한다.

　나머지 광고 영역에 대한 설정은 앞서 진행했던 설정과 별반 다를 것이 없다. 하지만 위 [비용 관리]와 [전환 기간], 이 두가지 항목은 전환 캠페인에 한해서 설정하는 영역이기에 살펴 볼 필요가 있다. 먼저 [비용 관리] 항목은 선택 사항이기 때문에 필수적으로 입력할 필요는 없지만 광고의 비용 및 효율을 관리함에 있어 매우 유용한 항목이기도 하다. 이 항목은 1개의 전환을 일으키는 것에 대한 비용의 상한선 또는 평균을 지정하는 것인데, 당연하게도 기준이 되는 기존 잠재고객 획득에 대한 비용 데이터를 보유하고 있어야 가능하다. 이는 보통 LAC(Lead Acquisition Cost) 또는 CAC(Customer Acquisition Cost)라고 불리는 것들이며, 고객 획득에 사용된 비용을 획득한 고객의 수로 나누면 구할 수 있다. 이 잠재고객 획득 비용을 기준으로 그와 유사한 정도의 수준 또는 그 보다 조금 더 낮은 수준으로 페이스북 광고를 운영하고 싶을 때 [비용 관리] 항목을 이용하면 좋겠다.

　먼저 1번에서 원하는 고객 획득 비용 수준 또는 기준이 되는 획득 비용을 입력하고, 바로 아래 파란색 글씨로 표기된 [추가 입찰 전략 표시] 텍스트를 클릭하면 2번 항목을 확인할 수 있다. 보이는 것과 같이 이 항목은 [비용 한도], [입찰가 한도], [목표 비용] 3가지로 다시 나누어 진다. 각각의 항목들에 대해 설명하자면 먼저 [비용 한도]의 경우, 광고 운영에 있어 결과적으로는 설정한 평균 잠재고객 획득 비용에 근접하게 운영 된다는 것이다. 이 해석은 좀 더 자세하게 이해할 필요가 있는데,

예시와 같이 평균 잠재고객 획득 비용을 3,000원으로 입력했을 때, 때로는 3,300원, 때로는 2,500원 수준으로 그 비용의 편차가 존재하지만 광고 일정이 모두 종료되는 시점에 맞춰 평균 획득 비용은 3,000원 수준으로 운영한다는 것이다. 이 방법은 일정 수준의 획득 비용을 유지하면서 결과를 가장 극대화 할 때 선택하면 좋은 옵션이다.

두 번째 [입찰가 한도]의 경우 설정한 금액을 절대 초과하는 수준으로 운영되지 않고 그 이하의 획득 비용으로 광고를 운영하는 설정이다. 마찬가지로 평균 획득 비용을 3,000원으로 설정 했다면 2,700~2,900원의 획득 비용으로 광고가 운영된다는 것이다. 이 방법은 리스크를 최소화 하는 방법으로 설정한 광고 예산을 절대 넘겨서는 안되는 경우, 예산에 대한 압박이 있는 경우 사용하면 좋다.

마지막 [목표 비용]은 잠재고객 획득 비용을 일관된 수준으로 운영하는 경우이다. 3,000원을 설정했다면 3,000원 수준으로 계속 운영이 되는 것이다. 이 방법의 가장 큰 장점은 결과를 예측할 수 있다는 것이다. 퍼포먼스 측면에서 예상 가능한 결과가 필요하거나 특정 수준 이상의 결과를 창출해야 하는 경우라면 이 방법을 사용하는 것이 좋겠다.

이어서 [전환 기간] 항목에 대해 살펴보자. 이 항목은 페이스북이 전환 데이터를

측정하고 활용하는 데 그 기간을 설정하는 것이다. 예를 들어 광고 클릭 후 1일 이라는 기간을 설정 했다면, 광고 클릭 후 1일 이내에 전환이 발생한 데이터를 기준으로 해당 광고를 최적화 하는 것이다. 이 역시 기준이 있어야 하기 때문에, 일반적으로 잠재고객이 광고를 클릭하고 나서 전환까지 소요되는 기간에 대한 데이터가 필요하다. 고관여 제품의 경우 광고를 클릭하더라도 바로 구매로 이어지는 것이 아니라 짧게는 일주일에서 길게는 2~3개월까지 소요되는 경우가 있기 때문에 전환 기간에 대한 데이터 산정은 비즈니스와 고객 구매 패턴에 따라 다르게 설정되어야 한다. 다만 아직 페이스북에서 제공하는 해당 기능에 대한 옵션이 매우 다양하지는 않기 때문에 바로 구매가 발생되지 않는 비즈니스의 경우 [클릭 후 7일 또는 조회 후 1일] 옵션을 선택해서 진행하는 것이 좋겠다.

　여기까지 세부설정이 완료 되었다면 나머지 영역은 앞서 실습한 광고 방법과 동일하게 설정해 마무리 하면 되겠다. 맞춤 전환을 활용한 광고 캠페인은 기존 전환 데이터를 기반으로 집행되기 때문에 상대적으로 타겟팅과 광고의 효율성이 높고, 실제 광고 캠페인으로 인해 발생한 전환까지 모두 측정이 가능하기 때문에 보다 정확한 광고 운영과 최적화 작업을 위해서 적극 활용하는 것을 권장한다.

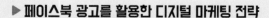

## PART 09

# ROAS 상승의 비결, 페이스북 광고 운영 및 최적화 전략

▶ 페이스북 광고를 활용한 디지털 마케팅 전략

▶ 전환율 최적화를 위한 맞춤 타겟 조합하기

# 페이스북 광고를 활용한 디지털 마케팅 전략

### 디지털 마케팅 전략의 핵심 관점 2가지

지금까지 페이스북 광고를 통해 할 수 있는 거의 대부분의 기능들을 알아봤다. 이제 마지막 단계로 이러한 세부 기능들을 활용해 효과를 이끌어 낼 수 있는 디지털 마케팅 전략에 대해 알아보고자 한다.

얼마 전 한 자동차 광고에서 이런 카피를 본 적이 있다. '차가 뭐 있나? 밟으면 딱 나가고, 딱 서면 되지!', '사실 그게 제일 어렵습니다.' 마케팅 역시 동일하다. 사실 거의 모든 온라인 또는 디지털 마케팅의 핵심은 크게 2가지 단계로 구성된다. 첫째, 어떻게 유의미한 잠재고객을 획득할 것인가. 둘째, 획득한 잠재고객을 이탈시키지 않고 목표까지 어떻게 전환시킬 것인가. 여기서 유의미한 잠재고객을 획득한다는 것은 불특정 다수가 아닌 구매확률이 높은 고객을 타겟팅하고, 그들을 웹사이트 또는 App 등으로 유입시킨다는 것을 말한다. 나아가 획득한 잠재고객을 목표까지 전환시킨다는 것은 고객의 니즈와 행동 분석을 기반으로 그들에게 적합한 메시지를 전달해 다음 행동으로 이어지게끔 유도한다는 것을 말한다.

먼저 유의미한 잠재고객의 획득에 대해 알아보자. 기본적으로 마케팅에서 고객을 획득한다는 것은 비용을 동반하는 작업이다. 오프라인 매장의 경우 매장의 존재만으로도 고객에게 상호명과 제공하는 서비스, 위치 등의 정보를 노출시키고 인지시킬 수 있다. 이는 추가적인 비용이 발생하지 않기 때문에 불특정 다수에게 노출되어도 문제가 발생하지 않는다. 하지만 온라인의 경우 우리가 보유한 웹사이트의 존재를 고객이 알아내는 것은 매우 어려운 일이다. 때문에 브랜드와 서비스 및 웹사이트 등에 대한 정보를 먼저 고객들에게 알리는 작업이 필요한데, 그렇다고 무분별한 외부광고를 진행한다면 불특정 다수에게 막대한 비용을 지출하는 것이기 때문에 실제 구매로 이어질 수 있는 고객을 획득하는 비용은 매우 높아지게 된다. 따라서 우리는 마케팅 비용의 효율성을 높이기 위해 구매확률이 높은 유의미한 잠재고객을 대상으로 브랜드와 서비스를 알리는 작업을 통해 고객을 획득해야 한다.

## 어떻게 유의미한 잠재고객을 획득할 것인가?

본인이 제안하는 방법은 콘텐츠 마케팅과 프로모션이다. 먼저 콘텐츠 마케팅은 잠재고객의 관심과 흥미를 유발하는 콘텐츠를 배포함으로써 고객과의 접점을 만들고 브랜드를 인식시키는 방법이다. 이 방법은 광고가 아닌 콘텐츠로 고객에게 접근하기 때문에 고객이 느끼는 거부감이 적고 설득력이 강하며, 최소한의 비용으로 지속가능한 마케팅 효과를 가져갈 수 있다는 큰 장점이 있다. 다만 콘텐츠를 만드는 개인의 역량에 따라 성과가 크게 좌우된다는 단점 또한 존재한다. 콘텐츠 마케팅에 대한 디테일한 얘기는 추후 출간을 준비 중인 '디지털 콘텐츠 마케팅 전략'을 통해 상세하게 안내 하겠지만, 다음과 같은 핵심 포인트에 입각해 진행하는 것을 권장한다.

- 잠재고객이 관심 있어 하는 (브랜드와 관련된)정보를 제공함으로써 브랜드를 인지시킨다.
- 콘텐츠 허브(웹사이트, 블로그, 유튜브)를 기반으로 페이스북은 콘텐츠를 확장 배포하는 채널로 활용한다.
- 콘텐츠에 반응한 잠재고객을 대상으로 보다 설득력 높은 콘텐츠 발행 또는 광고를 집행한다.
- 콘텐츠에 국한된 폭발적인 반응은 의미가 없다. 콘텐츠 마케팅은 결국 고객에게 원하는 행동을 유발시켜야 한다.

콘텐츠 마케팅은 불특정 다수를 타겟으로 하는 것이 아닌, 브랜드 서비스와 관련된 콘텐츠에 관심을 보이는 잠재고객을 타겟으로 하는 것이기 때문에 보다 유의미한 잠재고객을 확보할 수 있다. 이러한 관점에서 페이스북 페이지 운영은 필수적이다. 다만 페이스북 채널의 특성상 휘발성(한 번 발행한 콘텐츠는 찾아보기 힘들다는 단점)이 존재한다. 때문에 웹사이트를 비롯한 블로그 및 유튜브 등과 같이 검색 기반의 콘텐츠 허브를 구축하고, 페이스북은 이를 배포하는 채널로서 활용하는 것이 좋다. 이 때 페이스북에서 발행한 콘텐츠나 웹사이트에 구축된 콘텐츠에 반응한 고객을 대상으로 맞춤 타겟팅을 진행한다면 훨씬 뛰어난 효과를 볼 수 있다.

다음으로 제안하는 방법은 프로모션 또는 이벤트이다. 이는 적은 비용 또는 한정된 비용으로 그 이상의 폭발적인 효과를 누리기 위해 많은 기업들이 사용하는 방법이다. 이벤트와 프로모션은 시즌과 목적에 따라 그리고 컨셉에 따라 매우 다양하게 활용되는데, 진행과 관련해 필수적인 체크사항을 아래와 같이 정리해 두었다.

---

**프로모션 및 이벤트 진행 체크사항**

- 프로모션 및 이벤트 진행에 대한 명분 제시 : 브랜드의 셀링포인트를 명분으로 제시해야 고객이 느끼는 매력도가 증가
- 이벤트를 통해 고객에게 무엇을 얻을 것인가? : 이벤트 목적에 대한 명확한 KPI 수립
- 이벤트 설계 시 고객 참여 허들은 최소화 : 참여 단계(Depth)가 늘어날수록 참여도는 낮고 이탈률은 높아짐
- 참여율 증대를 위한 마감효과 적용 : 마감시간 카운팅 및 남은 좌석 등의 제시를 통해 참여율을 극대화
- 일회성이 아닌 다회차에 걸친 설계로 효과 증폭 : 예) 오늘부터 5일간, 매일 오후 2시 선착순 300명 마감
- 이벤트 제공 혜택은 브랜드 서비스를 직접 체험할 수 있는 장치가 되어야 함 : 체리피커 방지
- 한 명의 고객 획득이 아닌 한 명의 고객을 통한 Viral 효과에 집중
- 이벤트 활성화를 위한 참여율 현황 제시는 필수 : 예) 참여 댓글

---

위 내용 중에서도 가장 주의해야 할 부분은 이벤트 제공 혜택일 것이다. 일반적으로 이벤트를 진행하면 당첨자에게 스타벅스 기프티콘, 치킨 교환권과 같이 인기 많은 상품을 제공하는 경우가 많은데, 이는 상품만을 얻기 위해 모여드는 체리피커를 늘릴 뿐이다. 이벤트나 프로모션을 통해 유의미한 잠재고객을 유입하기 위해서는, 우리 브랜드 서비스와 관련 없는 혜택을 제공하는 것이 아니라 우리가 제공하는 것을 직접 체험하고 경험할 수 있게 만드는 이벤트 혜택 제공이 동반 되어야 한다.

지금까지 설명한 것을 정리하면 우리는 콘텐츠 마케팅과 프로모션 및 이벤트를 통해 불특정 다수가 아닌 브랜드 서비스에 관심도가 높은 고객을 유입시킬 수 있다. 이 때 유입이라는 포인트에서 생긴 데이터(페이지 게시물 참여, 페이스북 페이지 팔로워, 웹사이트 방문, 회원가입, 개인정보 등)를 활용해 맞춤 타겟팅을 진행하면 보다 유의미한 잠재고객에게 마케팅이 가능하다. 나아가 이렇게 생성된 맞춤 타겟을 기반으로 유사 타겟까지 확장한다면 유의미한 잠재고객의 모수를 점점 늘려나갈 수 있을 것이다.

# 전환율 최적화를 위한 맞춤 타겟 조합하기

## 획득한 잠재고객을 어떻게 전환시킬 것인가?

유의미한 잠재고객을 획득 했다면, 이들을 우리가 목표로 하는 단계까지 전환시키는 것이 바로 그 다음 스텝이다. 쇼핑몰을 예로 들어 보자. 장바구니에 상품을 담아 놓고 구매를 망설이는 고객이 있다. 당연히 우리가 원하는 것은 고객이 이 상품을 구매하는 것인데, 이 때 장바구니 고객에게 구매를 촉구하기 위해서 어떤 마케팅을 할 수 있을까?

먼저 고객이 구매를 망설이는 이유를 생각해보자. 상품이 충분히 매력적이지 않을 수 있을 것이고, 월급날을 기다리고 있을 수도 있다. 또한 장바구니에 담아 놓은 후 그 사실을 잊어버렸을 수도 있을 것이다. 이 때 우리가 이 고객에게 전달할 수 있는 메시지는 상품의 실제 사용후기를 통해 매력도를 강화하거나, 결제를 더욱 촉구하기 위해 남은 재고 수량과 마감임박 메시지를 전달하는 것이다. 또한 장바구니에 담긴 상품이 있다는 사실을 인지시키기 위해 지속적으로 해당 상품을 노출시키는 방법 등이 있다.

이처럼 고객의 니즈와 행동에 따라 맥락에 맞는 메시지를 전달함으로써 전환을 유도하는 것이 바로 디지털 마케팅의 핵심이다. 문제는 이 방법을 기술적으로 어떻게 구현하는가 일 것이다. 걱정할 필요는 없다. 앞에서 다룬 내용들을 충분히 숙지했다면 고객의 행동과 니즈에 따라 그들을 분류하고, 각 고객 그룹에게 맞는 메시지를 전달할 수 있다. 이어지는 내용과 예시를 통해 차근차근 단계를 밟아보자.

## 전환 퍼널에 따른 고객 세그먼트하기

이 작업을 위한 첫 번째 단계로 전환 퍼널에 따른 고객 세그먼트가 있다. 이해를 돕기 위해 계속 쇼핑몰을 예로 들자면, 고객이 쇼핑몰 웹사이트를 방문하는 것이 시작이고, 관심 있는 상품을 탐색한 후, 회원가입 할인 혜택을 통해 회원가입을 하게 될 것이다. 이후 원하는 상품을 장바구니에 담은 후 결제를 하는 단계로 이어진다. 이 과정을 거치는 동안 이탈되는 사용자가 발생하기 때문에 점점 그 숫자는 줄어들고, 이를 깔때기 모양으로 표현하기 때문에 구매 퍼널이라고 부른다.

우리는 각 단계의 고객을 분류하고 정의를 내리는 작업을 시작해야 한다. 웹사이트 방문자는 우리의 브랜드를 인지한 고객이기 때문에 매우 가망성이 높은 잠재고객(A)이다. 고객이 특정 상품 페이지를 조회한다는 것은 구매의사는 낮지만, 자신의 니즈와 관심을 표현(B)한 것으로 이해해도 좋다. 회원가입을 완료한 잠재고객은 아직 별다른 행동을 취하지 않았다는 점에서 할인과 같은 혜택에 반응한 고객(C)이다. 장바구니에 특정 상품을 담은 고객은 구매 의사가 있으며 관심 상품이 명확한 고객(D)이다. 마지막으로 구매 완료 고객은 실제 고객(E)이며, 결제라는 행동을 통해 우리 브랜드 또는 상품에 대해 반응한 고객이다. 이러한 고객의 경우 그들의 개인정보를 시작으로 구매 상품 및 결제 금액 등에 대한 데이터를 남기기 때문에, 이를 기반으로 신규 고객에 대한 인사이트를 얻을 수 있고, 더 큰 마케팅 기회를 찾을 수도 있다.

## 고객 세그먼트에 따른 맞춤 메시지 기획하기

정의를 내렸다면 이들에게 전달할 적합한 메시지를 구성해보자. 먼저 단순 방문자(A)는 브랜드를 인지한 것에 그친 잠재고객이기에, 보다 적극적으로 프로모션 및 이벤트를 통해 자사 브랜드에 대한 접점을 늘리는 것이 좋겠다. 특정 상품페이지 조회자(B)는 구매의사는 낮지만 관심을 표현한 상품이 명확하기 때문에, 해당 상품에 대한 셀링포인트를 노출하고 강조해 구매의사를 높이는 작업을 진행한다. 회원가입 후 별다른 행동을 취하지 않은 고객(C)은 혜택에 반응한 경우를 고려해, 추가적인 할인 기간 및 쿠폰 제시 등을 통해 행동을 유발시킨다. 장바구니 고객(D)은 특정 상품에 대한 니즈가 명확하고 구매의사가 있기 때문에, 앞선 예시와 같이 남은 재고 수와 마감임박 등의 메시지로 구매를 촉구한다. 결제를 완료한 고객(E)은 방치하는 것이 아니라 구매한 상품과 매칭이 가능한 제품 제시를 통해 추가 구매를 유도하거나, 유사한 카테고리의 다른 상품 등을 제시해 교차판매를 유발한다.

## 메시지 전달을 위한 맞춤 타겟 조합하기

잠재고객을 분류하고 그들에게 전달할 메시지까지 구성 했다면 페이스북 광고를 통해 이를 실현할 차례이다. 관건은 앞서 우리가 정의한 A, B, C, D, E의 고객 그룹에게 중복되지 않게끔 타겟팅을 진행해야 한다는 것이다. 퍼널의 다음 단계에 속한 그룹은 앞 단계 그룹에 자동적으로 속하기 때문이다. 예를 들어 장바구니 고객은 웹사이트 방문과 상품 페이지 조회 및 회원가입 등의 그룹에도 모두 포함된다. 때문에 타겟팅을 진행함에 있어 타겟을 조합하는 작업을 진행해야 하는데, 아래 그림을 통해 이해를 돕고자 한다.

우선 각각의 그룹을 맞춤 타겟으로 생성하는 작업이 필요하다. 다음과 같은 방법을 통해 매우 쉽게 맞춤 타겟을 생성할 수 있다.

- A Group : 단순 웹사이트 방문자 대상 맞춤 타겟 생성
- B Group : 특정 상품 페이지 조회자 대상 맞춤 타겟 생성
- C Group : 회원가입 DB 활용, 또는 회원가입 완료 페이지 조회 대상 맞춤 타겟 생성
- D Group : 특정 상품 장바구니 담기 버튼 클릭 대상 맞춤 타겟 생성
- E Group : 결제 회원 정보 활용, 또는 결제 완료 페이지 조회 대상 맞춤 타겟 생성

맞춤 타겟 생성이 완료됐다면 조합을 통해 각각의 그룹을 타겟팅 하는 방법을 알아보자. 특정 그룹을 타겟팅 함에 있어 포함될 수 있는 그룹을 제거해 중복되는 것

을 방지하는 방법이다.

- A Group : 웹사이트 모든 방문자를 타겟팅 한 후 특정 페이지 조회자를 모두 제외
- B Group : 특정 페이지 조회자를 타겟팅 한 후 회원가입, 장바구니, 결제자 타겟을 모두 제외
- C Group : 회원가입 고객을 타겟팅 한 후 장바구니, 결제자 타겟을 모두 제외
- D Group : 장바구니 고객을 타겟팅 한 후 결제자 타겟을 모두 제외
- E Group : 결제자 회원 정보를 활용한 타겟팅

이 내용을 조금 더 직관적으로 공식화 한다면 다음과 같다.

- A Group : A − B
- B Group : B − (C + D + E)
- C Group : C − (D + E)
- D Group : D − E
- E Group : E

이러한 방법으로 우리는 구매 퍼널의 각 단계에 있는 고객을 세그먼트하고 그들에게 적합한 메시지를 전달하는 마케팅이 가능하다. 물론 이것은 이해를 돕기 위해 단편적으로 구성한 예시이지만, 이와 같은 개념을 응용 및 적용하면서 다양한 방법으로 활용이 가능하다. 또한 이 개념과 방법을 역으로 이용하면 수 많은 잠재고객 중 우리가 집중해야 할 고객을 선별해 마케팅을 진행하는 것도 가능하다. 하지만 동시에 유의해야 할 점도 존재한다. 바로 세그먼트한 고객 그룹에게 전달하는 마케팅 메시지가 적절하지 않은 경우이다. 세그먼트한 고객에게 적합한 메시지를 구성해 전달했음에도 고객의 반응과 성과가 나타나지 않는다면? 우리가 전달한 메시지가 고객에게 전혀 매력적으로 느껴지지 않는다는 것이다. 이것은 제공하는 서비스 산업의 특성, 브랜드의 가치, 고객의 특성 그리고 광고 크리에이티브가 충돌하는 영역이기에 정해진 답이 있을 수 없다. 때문에 우리가 이를 해결할 수 있는 방법은 오직 테스트 뿐이다.

## PART 10

# 디지털 마케팅
# 필수 체크리스트 및
# 전략 노하우

이 밖에 디지털 마케팅과 페이스북 광고를 집행하는 것에 있어 추가적으로 체크해야 할 사항과 노하우에 대해 전달하고자 한다. 해당 챕터의 내용은 페이스북 뿐만 아니라 디지털 마케팅의 전반적인 채널에 모두 해당될 수 있는 내용이기에 더욱 도움이 될 것이라 생각한다.

▶ 광고 소재 최적화를 위한 A/B Test 가이드

▶ 조정석도 자꾸보면 질린다! 광고 피로도에 대한 이해

▶ 리포트는 작성하는 것이 아니라 해석하는 것이다.

▶ TV 광고는 스타트업의 마케팅 방정식? 미디어 믹스의 중요성

### 1. 매체의 타겟팅 기능과 노출 지면에 대한 이해

디지털 매체는 각각 제공하는 타겟팅 기능과 광고가 노출되는 지면에서 차이를 보인다. 매우 고도화된 타겟팅 기능을 제공하는 매체가 있는 반면 그렇지 않은 매체도 존재한다. 또한 일부 매체는 노출 지면 자체가 타겟팅 역할을 하기도 한다. 예를 들어 특정 축구 커뮤니티에 노출되는 광고라면 2~30대 축구를 즐겨보는 남성 타겟을 겨냥할 수 있는 매체인 것이다.

디지털 마케터의 주요 업무는 이러한 다양한 매체의 특성을 파악하고 이해하는 것이다. 가장 먼저 해당 매체의 타겟팅 및 광고가 노출되는 지면이 우리 고객이 주로 이용하는 매체인지, 고객 여정 지도와 부합하는 채널인지를 파악해야 한다. 우리의 주요 고객층은 페이스북을 이용하지 않음에도 페이스북 광고를 고집하는 것은 허공에 돈을 날리는 것과 같다.

또한 단순 트래픽이 많은 사이트의 지면 및 사용자 수가 많은 App에 광고를 노출을 시킨다고 뛰어난 성과가 나타나는 것은 아니라는 점에 유의하자. 대학생 또는 직장인을 대상으로 하는 커뮤니티 App은 정확한 타겟과 많은 사용자 수를 보유하고 있다는 것이 매력적이다. 하지만 실제 광고의 효율과 성과는 그와 비례해서 나타나지 않는 경우도 많다. 문제는 광고의 크리에이티브를 만들기 위해서는 매체 효율에 대한 테스트를 계속해서 반복해야 하고, 새로운 매체를 발굴하는 작업을 게을리 하면 안된다.

### 2. 경쟁이 치열한 검색광고 채널에 대한 이해

미디어 믹스에서 빠질 수 없는 채널이 바로 검색광고 채널이다. 검색광고는 니즈가 명확한 고객에게 자사의 브랜드를 노출하고 인지시키는 것 뿐 아니라 전환까지 유도

효과가 뛰어나고 성과가 즉각적으로 나타□□□□□□□□□□□ 을 집중하는 것이 더 좋은 방법이라고 생각□□□□□□□□□ 때 수반되는 문제점 또한 존재한다. 검색광□□□□□□□□□ 을 때 경쟁이 생기는 채널이다. 이 단계는 □□□□□□□□ 단계로 마케팅적인 시각에서 봤을 때 굉장히□□□□□□□□ 때 니즈가 있는 고객에게만 우리 브랜드를 □□□□□□□ 고객을 창출하기 어렵고, 고객 획득 비용이 □□□□□□□□

치열한 경쟁으로 높은 비용이 수반되는 검□□□□□□ 어 믹스를 통해 고객에게 우리 브랜드를 노□□□□□□ 해 높아진 브랜드 인지도는 다시 검색광고 채□□□□□□□ 는 결과로 이어진다. 이 경우 등 경쟁이 치열한□□□□□□ 드 키워드에 대한 준비만 갖추면 된다. 브랜□□□□□□□ 능하지 않은 키워드로 낮은 비용으로 검색광□□□□□□ 해준다.

### 3. 마케팅 채널 기여도에 대한 이해

온라인과 디지털 매체의 특성 중 하나는 □□□□□□ 비자의 구매 패턴은 획일화 될 수 없으며 다□□□□□□ 에 걸쳐 일어난다. 때문에 우리가 마케팅 채□□□□□□ 인 결과만을 보고 평가한다면 자칫 잘못된 □□□□□□□ 광고를 통해 처음 브랜드를 인지한 소비자가□□□□□□ 마지막으로 검색광고를 통해 사이트에 유입□□□□□□ 수 있는 정보는 검색광고로 인한 결내 전환□□□□□□ 로테츠 마케팅에 대한 최해를 남긴다 □□□□□□□

# 광고 소재 최적화를 위한 A/B Test 가이드

## 우리의 마케팅이 힘들고 어려운 이유

대부분의 마케팅팀은 항상 비슷한 고민을 갖고 있다. "어떤 메시지와 광고 크리에이티브가 고객에게 더 매력적으로 느껴질까?" 실무자는 수 많은 경쟁사에 대한 벤치마킹과 고민 끝에 마케팅 크리에이티브를 제출하지만, 현실은 마케팅 리더의 주관에 따라 다시 수정되기 마련이다. 성과가 좋다면 다행이지만 그렇지 않은 경우, 실무자는 리더가 목표로 하는 성과가 나올 때까지 무한 수정을 반복한다. 물론 이 또한 마케팅 리더의 주관에 따라 수정되는 것이 대부분이다. 결국 꼭두각시 같은 업무와 실패만 반복한 실무자는 업무에 대한 흥미를 잃고 불만이 쌓여 회사를 떠나게 된다.

본인 역시 실무를 진행하며 이와 같은 경우를 수도 없이 겪어왔다. 수정해야 할 이유를 납득하지 못한 채 그저 팀장의 입맛에 맞는 산출물을 만드는데 혈안이 되었다. 교육과 컨설팅을 진행하며 만난 수 많은 기업들 역시 별반 다르지 않았다. 대기업부터 중견기업, 중소기업과 스타트업까지, 규모와 관계 없이 리더의 직관에 의존해 마케팅을 진행하는 경우가 대부분이었다. 심지어 퍼포먼스 마케팅 에이전시라 하는 곳에서도 눈 앞의 데이터를 가뿐히 무시한 채 팀장의 주관적 결정에 따라 의사결정을 하는 경우가 많다.

문제는 이러한 과정이 반복될수록 마케팅 인력의 리소스가 의미없이 소진된다는 것이다. 기업의 많은 오너들과 리더들이 시간, 자원 및 예산이라는 리소스를 정량적으로 접근하는 것과 달리, 인적자원에 대해서는 동일하게 접근하려고 하지 않는다는 것은 큰 모순이다. 이 것은 꼭 규모가 큰 기업에만 해당되는 얘기가 아니다. 스타트업과 소규모 자영업자의 경우에도 동일하게 적용된다. 본인이 추진하는 마케팅이 개선할 방향성을 찾지 못하고 실패를 반복한다면, 결국 지쳐서 포기하기 마련이다.

때문에 나는 항상 테스트의 중요성을 강조해 왔다. 제 아무리 오랜 경력을 가진 마케터라 할지라도 천차만별인 고객을 완벽하게 파악할 수는 없는 노릇이다. 더불어 시

대와 환경이 빠르게 변하면서 고객의 모든 소비패턴 역시 빠르게 변하기 때문에 과거의 경험과 지식은 점차 그 효용성을 잃어가기 때문이다. 테스트가 중요한 이유는 실제 고객의 반응을 데이터로 확인할 수 있기 때문이다. 따라서 이해관계자들의 주관적인 기준과 판단으로 인해 생기는 오류를 최소화 할 수 있다. 이것은 불필요한 의사소통 과정을 현저하게 줄여주고, 성과를 증진하는 방법에 더욱 빠르게 도달할 수 있게 해준다.

### 오바마와 AB Test

테스트 방법 중 가장 널리 활용되고 있는 AB Test에 대해 알아보자. 이는 고객 집단에게 A안과 B안을 제시해 더 나은 성과를 보인 대안으로 최적화를 진행하는 작업이다. AB Test와 관련해서는 가장 대표적이고 유명한 예시가 있는데 바로 미국 오바마 대통령의 선거 캠페인이다.

2008년과 2012년에 진행된 오바마 대통령의 대선 캠페인은 말 그대로 테스트의 연속으로 이루어진 결과라고 할 수 있다. 캠페인에서 공개된 테스트의 내용은 굉장히 단순하고 간단해 보이지만, 테스트의 결과는 결코 미비하지 않았다. 오바마의 대선 캠페인 팀은 홈페이지의 뉴스레터 구독 신청 폼에 몇 가지 테스트를 진행했다. 이메일과 우편주소를 기입하고 클릭하는 제출 버튼에 있어 텍스트에 변화를 준 것인데, 그 내용은 1) Sign Up 2) Learn More 3) Join Us Now 4) Sign Up Now 등이다. 과연 어떤 버튼의 텍스트가 가장 효과가 있었을까?

결과는 2번의 Learn More 이다. 만약 이와 같은 선택지를 놓고 팀원들과 회의를 한다면 개인의 취향이 반영된 의견으로 시간을 낭비하다 결국 리더의 결정 또는 다수결에 의해 종료될 것이다. 하지만 테스트를 진행한다면 이 모든 과정이 생략되고 보다 빠르고 직관적으로 고객의 선택을 확인할 수 있다.

이 밖에도 오바마의 대선 캠페인 팀은 수 많은 테스트를 진행하며 선거의 확률을 높여나갔다. 선거 자금을 모금하는 캠페인을 진행할 때도 어떤 이미지를 메인에 사용하는 것이 도움이 될 지 등을 테스트 했다고 공개했다.

## 의미 있는 데이터를 얻기 위한 AB Test 가이드

매우 유용하고 널리 활용되는 AB Test이지만 무턱대고 진행할 경우 무의미한 결과를 얻게 될 수도 있다. 테스트를 진행한다는 것에만 집중해 놓치기 쉬운 포인트가 있기 때문이다. 이와 관련해 AB Test를 진행함에 있어 몇 가지 유의해야 할 사항들이 있는데 하나씩 자세하게 살펴보도록 하자.

### 1. 사전 데이터 조사

테스트는 아무런 근거 없이 진행 되어서는 안된다. 무엇을 테스트 할 것인지, 어떤 데이터를 개선시킬 것인지에 대한 내용이 필요한데, 이것은 직감과 경험에 의존하는 것이 아닌 기존의 데이터를 기반으로 설정되어야 한다. 테스트를 위한 사전 데이터를 조사하는 것이 테스트의 시작이며 변화를 추적하고 분석하는 것이 우리가 할 일이다.

### 2. 목표에 따른 가설 정립

사전 데이터 조사를 통해 우리가 설정해야 할 것은 바로 목표이다. 목표 없이 진행되는 테스트는 목적지 없는 항해와 같다. 때문에 우리는 어떠한 지표를 개선시킬 것인지에 대한 목표를 명확히 설정해야 한다. 가령 페이스북 광고를 테스트하는 경우에도 단순히 광고 크리에이티브에 사용자들이 많이 반응하는 것을 목표로 설정할 것인지, 아니면 광고 크리에이티브 클릭을 통해 사이트 유입을 늘릴 것인지, 아니면 유입에서 그치는 것이 아니라 유입 이후에 전환까지 이어지는 확률을 높이는 것에 목표를 둘 것인지 등을 정해야 한다. 일단 이 목표가 정해지면 목표 달성을 위해 어떤 대상에 변화를 주어 테스트 할 것인지를 정해야 하는데, 이 또한 직감이 아닌 과거 데이터를 통해 테스트 할 만한 가치가 있는 지를 결정한 후 진행해야 한다. 만약 축적된 데이터가 없다면 다양한 시도를 통해 데이터를 쌓는 작업을 선행하는 것도 좋다.

### 3. 대상을 압축해 테스트

사전 데이터를 기반으로 테스트의 목표를 설정하고 테스트의 대상(광고 크리에이티브, 타겟팅, 캠페인 목표 등)을 정했다면 이제 테스트를 진행할 차례다. 한 가지 예를 들어보자. 이 쇼핑몰은 남성 셔츠를 판매하기 위해 제품 이미지를 광고 크리에이티브로 사용해 왔다. 하지만 제품 이미지 변경에도 불구하고 광고 클릭률이 일정 수준을 넘어가지 않자, 모델이 셔츠를 착용하고 있는 이미지로 테스트를 진행해 보고자 한다. 먼저 광고 이미지를 변경하고 광고 설명 문구를 조금 더 매력적으로 보이기 위해 판매량을 기재 했으며, 클릭률을 더 높이기 위해 할인 이벤트 중이라는 문구를 추가했다. 결과는 예상할 수 있듯이 이전 광고 크리에이티브 보다 월등히 높은 클릭률을 기록했다. 여기서 한 가지 질문을 던져보자. 과연 상승한 클릭률은 모델이 제품을 착용한 이미지로 변경했기 때문인가?

아마 눈치가 빠르다면 벌써 이해했을 것이라 생각한다. 우리가 테스트를 진행할 때 한 번에 여러 요소를 변경하게 되면 변화에 원인이 어떤 요소에서 발생한 것인지 알 수 없게 된다. 위 사례에서도 상승한 클릭률의 원인이 이미지 때문인지, 이벤트 문구 때문인지 알 수가 없는 것이다. 때문에 AB Test를 진행할 때는 한 번에 여러가지 요소를 테스트 하는 것이 아니라 대상을 압축해서 진행해야 함을 명심하자.

다만 페이스북 광고에서는 다변량 테스트를 진행할 수 있는 기능이 존재하기 때문에 이 방법을 이용하는 것도 좋다. 페이스북의 다변량 테스트는 광고 클릭률에 영향을 미칠 것이라 생각되는 여러가지 요소들을 동시 다발적으로 테스트 해 가장 성과가 좋은 요소의 조합을 찾아주는 기능이다. 이 기능을 활용하면 테스트를 통해 매번 한 단계씩 성과를 증진시켜야 하는 시간과 노력을 절감할 수 있다.

### 4. 대상에 특정 성격 부여하지 말 것

테스트를 진행하고자 한다면 테스트에 필요한 대상 뿐만 아니라 테스트를 진행할 대상 역시 필요하다. 말 그대로 실험 대상이 필요하다. 이 때 유의할 것은 테스트 집단에 임의로 특정 성격을 부여 해서는 안된다는 것이다. 광고 크리에이티브를 테스트 하기 위해 A안과 B안을 준비했다면 동일한 실험 집단을 대상으로 무작위 노출을 시켜야 한다. 만약 A안은 30대 여성에게 B안은 20대 여성에게 테스트를 진행하는 것과 같이 대상에 임의로 성격을 부여한다면 유의미한 테스트 결과를 얻을 수 없다.

## 5. 테스트는 동일한 조건으로 진행

마지막으로 주의할 점은 모든 테스트는 동일한 조건으로 진행되어야 한다는 것이다. AB Test 결과를 얻기 위해 A안은 이달 2주차에, B안은 이달 3주차에 진행한다면 과연 유의미한 결과를 얻을 수 있을까? 만약 해당 비즈니스의 고객 구매 패턴에 이슈가 있어 월 중순 이후에 고객 반응률이 높다면 이 테스트 결과는 신뢰할 수 없게 된다. 테스트를 진행할 때는 테스트 대상 뿐만 아니라 테스트가 진행되는 기간, 시간, 예산 등의 조건을 모두 동일하게 해야 한다는 것을 잊지 말자.

# 조정석도 자꾸보면 질린다! 광고 피로도에 대한 이해

## 광고는 익숙함과 싸우는 것

흔히 하는 실수 중 하나는 바로 광고 운영의 안일함이다. 간혹 광고라는 것이 한 번 설정하면 그걸로 끝이라 생각하는 경우가 있다. 만약 그것이 사실이라면 수 많은 광고대행사 직원들이 야근을 밥 먹듯이 하는 일은 없었을 것이다. 광고는 생각보다 많은 손길이 필요한 작업이라 매일 모니터링을 통해 관리하고 개선하지 않으면, 성과는 지속적으로 하락하고 예산은 의미없이 소진되고 만다. 이러한 관리 작업에서 테스트 외에 중요한 또 하나의 개념이 바로 광고 피로도이다.

우리 모두가 알고 있듯이 사람은 적응의 동물이다. 낯선 환경과 경험도 이내 적응해 버리고 마는 것이 사람이다. 광고에 있어서 적응이라는 것은 잠재고객에게 우리를 인식시키지 못하고 있다는 의미로 해석된다. 고객이 우리의 광고를 포함한 브랜드와 서비스를 더 이상 특별하고 새롭다고 느끼지 못하는 것이기 때문이다. 처음 보는 새로운 것도 반복해서 노출되면 적응을 통해 더 이상 관심을 갖지 않게 되고, 심지어 나중에는 인식하지 조차 못하게 되는 상황과 현상을 우리는 광고 피로도라고 한다. 실제 이 광고 피로도는 광고를 장기간 운영했을 때 점차 떨어지는 성과를 통해 확인이 가능하다. 때문에 지속적으로 광고 크리에이티브에 변화를 주어서 고객에게 지속적인 신선함을 주는 것이 높은 성과를 장기간 유지하는 비결이라 할 수 있다.

실제 본인이 직접 광고 피로도를 극복한 사례를 통해 이 효과를 확인할 수 있다. 과거 카드뉴스 형태의 콘텐츠가 본격적으로 확산되던 때, 연재 형태의 카드뉴스 콘텐츠를 제작하고 발행하는 콘텐츠 마케팅을 진행했다. 해당 콘텐츠는 발행 즉시 폭발적인 반응을 보였고, 연재 형태로 운영했기 때문에 제작 리소스를 줄이면서 지속적인 성과를 창출할 수 있었다. 하지만 시간이 점차 지나면서 콘텐츠에 대한 반응과 성과는 눈에 띄게 줄기 시작했다. 이 때 본인은 콘텐츠를 변경하는 것이 아니라 약간의 디자인적 요소에만 변화를 주었다. 아주 약간의 변화였지만 놀랍게도 콘텐츠의 성과는 다시 폭발적으로 증가했다. 콘텐츠의 퀄리티는 이미 앞서 발행한 이력을 통해 검증 되었기 때문에 의심할 필요가 없었다. 따라서 성과가 하락한 이유를 추측할 때 가장 먼저 떠오른 것은 광고 피로도였고, 이를 극복하기 위해 디자인 요소에 변화를 주면 다시 성과가 향상될 수 있을 것이라는 가설을 세워 진행했던 것이다.

이러한 피로도는 가장 표면적으로 광고 크리에이티브에서 일어나지만, 사실 랜딩 페이지를 포함한 다양한 브랜드 요소에도 동일하게 적용된다. 때문에 광고를 포함해 브랜드의 다양한 시각적 요소에 변화를 주는 것만으로도 예상치 못한 성과를 달성하게 되는 경우를 볼 수 있다.

# 리포트는 작성하는 것이 아니라 해석하는 것이다.

## 무분별한 숫자 속에서 인사이트를 발견하는 것

인하우스와 에이전시를 막론하고 마케팅 팀의 신입 사원으로 입사하게 되면 공통적으로 맡게 되는 업무가 있다. 바로 리포트 작성이다. 이 리포트는 데일리로 작성 되며, 광고 운영과 모니터링을 위해 필수적인 작업이다. 하지만 대부분의 실무자들은 이 리포트 작업을 단순 반복 업무라 치부하고 숫자를 입력하는 것으로 마무리 하곤 한다. 명심하자. 리포트는 작성하는 것이 아니라 해석하는 것이다. 숫자를 입력하는 것은 끝이 아니라 시작이다. 매일같이 리포트에서 달라진 수치들을 확인하며 그 원인을 분석하는 것이 리포트를 작성하는 목적이다.

문제는 정작 어떤 데이터를 어떻게 해석해야 할 지 막막한 것이 대다수의 심정일 것이다. 전혀 어렵게 생각할 필요 없다. 매우 심플한 논리로 접근이 가능하다. 기본적인 광고 리포트는 노출, 도달, 클릭, 비용, 전환의 지표로 구성된다. 각각의 지표를 단계별로 접근하는 방법에 대해 알아보자.

### 노출 (Impression)

현재 광고가 노출되고 있는 노출량이 적절한지를 판단해야 한다. 이 때에는 추가적인 지표가 필요한데 바로 클릭률과 전환율이다. 기존 광고 운영으로 측정된 클릭률과 전환율을 기반으로 목표로 하는 매출 또는 리드를 확보하기 위해 필요한 노출량을 계산해야 한다. 예를 들어 1,000명에게 노출 되었을 때 클릭률은 10%로 100명이 유입되고 이 중 전환율은 5%로 5명이 결제를 한다고 하자. 객단가는 30,000원으로 일 매출이 150,000원이다. 목표매출이 정확히 2배라고 했을 때 클릭률과 전환율을 높이기 어렵다면 노출량을 2배로 늘려 접근하는 것이다. 광고의 예산 또는 입찰가를 상향 조정해 노출을 늘려보자. 만약 그럼에도 노출이 증가하지 않는다면 경쟁이 치열한 것으로 해석할 수도 있다. 이 때에는 타겟을 변경하거나, 캠페인 변경을 통해 다른 경로를 모색해 보는 것도 좋다.

## 도달 (Reach)

만약 노출량은 많지만 도달이 낮다면 광고가 특정 타겟에게 보여지는 빈도가 높아진다. 이 경우, 광고 피로도가 높아지고 너무 잦은 노출로 인해 부정적인 피드백을 생성할 수 있기 때문에 고객 1명당 노출되는 빈도 수를 조절하거나, 도달 수를 높일 수 있도록 캠페인 변경을 테스트 해 볼 수 있다. 반면, 빈도가 너무 낮은 것도 문제가 된다. 100명의 잠재고객에게 각 1번씩 광고를 노출 시킬 경우 광고에 대한 인지도가 너무 낮아 클릭 자체가 이루어지지 않을 수도 있기 때문이다.

광고 피로도, 광고 인지도, 유효도달 및 빈도 등 소비자가 광고에 보이는 태도와 관련된 연구는 수도 없이 진행돼 왔다. 하지만 정작 그 결과는 광고의 크리에이티브, 비즈니스의 특성, 콘텐츠 소비 행태 변화 등에 의해 끊임없이 영향을 받아왔다. 때문에 이 부분에 있어 적절한 기준 및 표준을 찾기란 매우 어렵다. 노출 빈도 조절에 따른 광고 클릭률의 변화를 주기적으로 테스트 하며 각자에게 맞는 방법을 찾아가는 것이 좋겠다.

## 클릭 (Click)

클릭은 단순히 클릭의 수를 보고 판단하는 것보다 노출 대비 클릭 수인 클릭률(%)을 지표로 보고 접근하는 것이 바람직하다. 클릭률이라는 지표는 2가지 측면으로 접근이 가능하다. 먼저 광고 크리에이티브의 매력도 측면에서 접근이 가능하며, 나아가 타겟팅의 적합성 측면으로도 접근이 가능하다. 만약 클릭률이 낮다면 크리에이티브의 변화를 시도해 보는 것이 좋지만, 이를 통해서도 큰 개선이 없다면 타겟팅에 변화를 주어 해당 크리에이티브가 더욱 매력적으로 느껴질 수 있는 타겟을 찾는 방법도 좋다.

## 비용 (Cost)

비용을 고려할 때는 채널별 ROAS(Return On Ads Spending)를 기준으로 접근한다. 신규 사용자를 유치하기 위해 마케팅 채널을 운영한다면 기존의 사용자 획득 비용이 기준이 될 것이다. CPC, CPM, CPA 등의 설정에 따라 광고 비용이 지불되는데, 지불한 광고 비용을 획득된 사용자로 나누게 되면 사용자 획득 비용을 측정할 수 있다. 이 때의 비용이 기존 획득 비용 대비 높은지, 낮은지에 따라 현재 지불되는 CPC, CPM, CPA 등의 광고 단가를 판단할 수 있다. 획득 비용이 낮다면 문제가 발생하지 않지만, 획득 비용이 높다면 크리에이티브의 변화를 주어 광고 품질과 클릭률을 높이는 방법, 타겟팅의 변화를 주어 입찰 경쟁을 피해 광고 단가를 줄이는 방법 등을 시도해 볼 수 있다.

## 전환 (Conversion)

전환 지표를 분석할 때는 해당 지표와 함께 다른 지표를 보조적으로 활용해 분석하는 것이 좋다. 광고 클릭률이 상대적으로 높지만 전환이 낮다면, 사용자가 광고 크리에이티브에서 느낀 톤앤매너와 설득력을 랜딩 페이지에서 확인할 수 없기 때문이다. 이러한 데이터는 이탈률(Bounce Rate)이라는 지표로 파악이 가능하다. 또한 광고를 클릭하고 전환이 이루어지기 전까지 고객의 행동 흐름을 분석하는 것도 좋다. 고객 행동 흐름은 고객이 전환되기 위해 필요한 정보가 무엇인지, 고객의 니즈가 무엇인지 파악할 수 있게 해준다. 이를 통해 광고를 클릭하고 도착하게 되는 랜딩 페이지에 어떤 설득 요소를 추가해야 할 지에 대한 고민도 가능하며, 전환율을 높이기 위한 최적의 고객 경로 설계도 가능하다.

# TV 광고는 스타트업의 마케팅 방정식? 미디어 믹스의 중요성

## 배달의 민족, 야나두, 야놀자, 여기어때… 기승전TV?

디지털 마케팅을 하면서 실무자들이 공통적으로 느끼는 고충이 있을까? 예산, 효율, 성과, 타겟팅, 최적화 등 다양한 요인이 있겠지만 본인은 그 중에서도 도달이라는 측면에 대해 얘기하고자 한다. 과연 우리의 마케팅이 디지털 채널에서 사람들에게 얼만큼 도달할 수 있을까?

디지털 광고 플랫폼이 점차 기술적으로 발전하면서 타겟팅 기술은 더욱 정교해졌다. 정교한 타겟팅은 항상 매력적이지만 동시에 모수가 줄어들게 되는 단점이 존재한다. 광고 플랫폼은 보유한 알고리즘에 따라 잠재고객을 일정 집단으로 분류하고 이를 점차 최적화 한다. 문제는 이 최적화가 진행될수록 광고의 타겟팅은 일정 한계 범위를 벗어나지 못하게 된다. 결국 디지털 채널에서 우리의 마케팅은 계속 특정 집단 안에서만 돌고 돌게 되는 것이다.

이러한 문제는 리마케팅의 경우에도 유사하게 적용된다. 100명의 사이트 방문자를 대상으로 리마케팅을 진행한다고 했을 때 그 중 몇명에게 우리의 광고가 도달할 것인가. 당연히 매체와 비즈니스 마다 큰 차이가 있겠지만 40%만 넘어도 매우 효과가 크다. 이유는 여러가지가 존재하는데 사용자의 기기 및 브라우저 등 접속환경이 일정하지 않거나 입찰 경쟁의 심화, 디지털 매체와 사용자 이용 매체의 불일치 등이 있다. 특히나 광고 차단 기능이 점점 활성화 되는 요즘과 같은 경우에는 리마케팅 도달에 대한 손실이 더욱 크다. 단순 리마케팅을 진행했을 때도 방문자에게 도달하는 비율이 급격하게 줄어드는데, 그 중에서도 특정 행동자만 타겟팅을 한다면? 그 도달률은 더욱 급격하게 떨어진다. 우리가 원하는 모든 잠재고객에게 광고가 보여지면 좋겠지만 현실은 그렇지 않다.

재미있는 것은 이러한 문제를 해결하는 스타트업의 접근방식이다. 배달의 민족, 야나두, 야놀자, 여기어때, 마켓컬리 등 우리가 익히 들어본 스타트업들이 공통적으로

행한 방법이 있는데, 바로 TV 광고이다. 사업 초기에는 디지털 채널을 통해 매력적인 콘텐츠로 확산을 일으키며 저렴한 비용으로 효율적인 마케팅을 진행한다. 하지만 이 역시 일정 도달 범위를 벗어나지 못하는 한계를 겪게 되고, 사업을 확장하기 위한 투자가 필요한 시점이 찾아온다. 투자가 성공적으로 유치된다면 그 동안 도달하지 못했던 고객에게 서비스를 알리기 위해 옥외광고를 비롯한 TV 광고를 공격적으로 진행한다. 이 효과는 매우 극적이며 더 많은 잠재고객 확보를 통해 급격한 성장을 이루게 된다.

하지만 모두가 알고 있듯이 이러한 마케팅에는 막대한 비용이 수반된다. 정작 큰 비용을 들이지 않으면 더 많은 고객에게 도달할 수 있는 방법은 없는 것일까? 해결책은 바로 미디어 믹스라 불리는 매체의 다변화에 있다.

앞서 설명한 디지털 광고 매체의 알고리즘과 최적화의 진행으로 한 가지 매체에만 집중하게 된다면 도달에 한계가 존재한다. 만약 우리가 페이스북 광고만 집행한다면 페이스북 사용자 중에서도 특정 집단에게만 광고가 노출될 것이고, 페이스북을 사용하지 않는 사용자에게는 노출조차 할 수 없는 것이다. 때문에 디지털 매체를 사용함에 있어서도 다양한 매체를 운영해 잠재고객에게 도달할 수 있는 경로를 최대한 확보하는 것이 좋다. 단 이 때 가장 중점적으로 신경써야 할 부분은 바로 각 매체의 특성에 따른 운영 전략이다. 때로 어떤 매체는 신규 잠재고객을 타겟팅하는 것보다 방문자를 대상으로 하는 리마케팅에 적합하다. 또한 광고가 노출되는 위치와 특성 때문에 동일한 메시지를 녹여낼 수 없는 매체도 존재한다. 뿐만 아니라 광고가 운영되는 원리와 입찰 및 예산 등의 이슈도 제각각이다.

다양한 디지털 매체에 대한 정보를 보유하고 있으면 좋겠지만, 그렇지 않다면 직접 하나씩 운영해가며 테스트를 통한 데이터 축적이 필요하다. 이렇게 축적된 데이터를 기반으로 최대한 다양한 디지털 매체를 통해 잠재고객에게 다가감으로써 도달률을 높이는 방법이 바로 미디어 믹스라 불리는 작업이다. 대부분의 마케팅 에이전시에서 가장 중점을 두고 있는 부분이고 디지털 마케터에게 필수적으로 요구되는 역량이기도 하다. 가용 가능한 매체를 특성별로 분류하고 각 매체의 효율성과 특징에 따라 예산을 배분한 뒤 필요한 광고 소재를 기획하고 제작해 운영한다. 다만 이 때에도 몇 가지 주의해야 할 사항들이 있으니 유념하도록 하자.

### 1. 매체의 타겟팅 기능과 노출 지면에 대한 이해

디지털 매체는 각각 제공하는 타겟팅 기능과 광고가 노출되는 지면에서 차이를 보인다. 매우 고도화된 타겟팅 기능을 제공하는 매체가 있는 반면 그렇지 않은 매체도 존재한다. 또한 일부 매체는 노출 지면 자체가 타겟팅 역할을 하기도 한다. 예를 들어 특정 축구 커뮤니티에 노출되는 광고라면 2~30대 축구를 즐겨보는 남성 타겟을 겨냥할 수 있는 매체인 것이다.

디지털 마케터의 주요 업무는 이러한 다양한 매체의 특성을 파악하고 이해하는 것이다. 가장 먼저 해당 매체의 타겟팅 및 광고가 노출되는 지면이 우리 고객이 주로 이용하는 매체인지, 고객 여정 지도와 부합하는 채널인지를 파악해야 한다. 우리의 주요 고객층은 페이스북을 이용하지 않음에도 페이스북 광고를 고집하는 것은 허공에 돈을 날리는 것과 같다.

또한 단순 단순 트래픽이 많은 사이트의 지면 및 사용자 수가 많은 App에 광고를 노출 시킨다고 뛰어난 성과가 나타나는 것은 아니라는 점에 유의하자. 대학생 또는 직장인을 대상으로 하는 커뮤니티 App은 정확한 타겟과 많은 사용자 수를 보유하고 있다는 것이 매력적이다. 하지만 실제 광고의 효율과 성과는 그와 비례해서 나타나지 않는 경우도 많다. 문제는 광고의 크리에이티브에 있을 수도, 해당 매체의 특성에 있을 수도 있다. 때문에 미디어 믹스를 통해 성과를 만들기 위해서는 매체 효율에 대한 테스트를 계속해서 반복해야 하고, 새로운 매체를 발굴하는 작업을 게을리 하면 안된다.

### 2. 경쟁이 치열한 검색광고 채널에 대한 이해

미디어 믹스에서 빠질 수 없는 채널이 바로 검색광고 채널이다. 검색광고는 니즈가 명확한 고객에게 자사의 브랜드를 노출하고 인지시키는 것 뿐 아니라 전환까지 유도할 수 있는 채널이기 때문이다. 또한 성과가 즉각적으로 나타나는 채널이라는 점 또한 매력적이다. 문제는 검색광고 채널이 매력적인 만큼 검색광고 영역에서 경쟁하고 자 하는 경쟁자들 또한 많다는 것이다. 경쟁이 치열하면 당연히 입찰가는 높아지게 마련이고 높아진 입찰가는 마케팅 예산의 증대를 부른다.

효과가 뛰어나고 성과가 즉각적으로 나타나는 채널이니, 해당 채널에 마케팅 예산 을 집중하는 것이 더 좋은 방법이라고 생각할 수도 있다. 틀린 것은 아니다. 하지만 이 때 수반되는 문제점 또한 존재한다. 검색광고는 소비자가 능동적으로 니즈를 표현했 을 때 접점이 생기는 채널이다. 이 단계는 소비자 구매 퍼널에서 마지막에 해당하는 단계로 마케팅적인 시각에서 봤을 때 굉장히 수동적인 접근 방법이다. 다시 말해, 구 매 니즈가 있는 고객에게만 우리 브랜드를 노출시키는 작업이기 때문에 더 많은 신규 고객을 창출하기 어렵고, 고객 획득 비용이 매우 높다는 단점이 있다.

치열한 경쟁으로 높은 비용이 수반되는 검색광고 채널을 접근할 때는 다양한 미디 어 믹스를 통해 고객에게 우리 브랜드를 노출시킬 수 있는 경로를 확보하자. 이로 인 해 높아진 브랜드 인지도는 다시 검색광고 채널에서 우리 브랜드를 직접 검색하게 되 는 결과로 이어진다. 이 경우 경쟁이 치열한 대표 키워드에서의 입찰을 낮추고 브랜 드 키워드에 대한 준비만 갖추면 된다. 브랜드 키워드는 (네이버의 경우) 경쟁이 가 능하지 않은 키워드로 낮은 비용으로 검색광고 채널의 사용자를 다시 흡수할 수 있게 해준다.

### 3. 마케팅 채널 기여도에 대한 이해

온라인과 디지털 매체의 특성 중 하나는 바로 즉각적인 결과 확인이다. 하지만 소 비자의 구매 패턴은 획일화 될 수 없으며 다양한 상호작용을 거쳐 상대적으로 장기간 에 걸쳐 일어난다. 때문에 우리가 마케팅 채널에 대한 성과 분석을 진행할 때 즉각적 인 결과만을 보고 평가한다면 자칫 잘못된 결정을 내릴 수 있다. 예를 들어 페이스북 광고를 통해 처음 브랜드를 인지한 소비자가 블로그에서 보다 자세한 정보를 얻고, 마지막으로 검색광고를 통해 사이트로 유입된 뒤 상품을 구매했다면? 우리가 추적할 수 있는 정보는 검색광고로 인한 결제 전환 뿐이기 때문에 페이스북 광고와 블로그 콘텐츠 마케팅에 대한 효과를 낮다고 판단할 수 있다. 이로 인해 마케팅 채널을 검색

광고에만 집중한다면, 잠재고객이 브랜드를 인지할 수 있는 경로가 줄어들기 때문에 총체적인 마케팅 성과는 줄어들게 된다.

미디어 믹스는 마케팅의 목적, 사용자의 채널 및 플랫폼 이용 행태 뿐만 아니라 해당 채널의 특성도 고려하여 진행되어야 하기 때문에 꽤 광범위한 지식이 필요하다. 특히 이 채널의 특성을 고려하는 부분에서 중요한 것이 바로 기여도에 대한 이해이다. 채널 기여도 분석은 어떤 광고 채널 또는 매체가 소비자의 전환 유도에 얼만큼 기여 했는지를 파악하는 분석이다. 앞선 예시에서는 페이스북 광고와 블로그 콘텐츠 마케팅이 고객 전환에 간접적인 기여를 한 것이고, 검색광고 채널은 직접적인 기여를 한 것으로 이해할 수 있다. 이 예시는 아주 간략한 예시이지만, 실제 소비자들은 더욱 다양한 미디어에 노출되어 있고, 훨씬 더 복잡한 경로를 통해 브랜드와 서비스를 접하게 된다. 때문에 기여도 분석을 완벽하게 한다는 것은 불가능에 가깝지만, 그럼에도 이러한 분석을 통해 미디어 믹스를 진행할 때 채널을 더욱 밀도 있게 운영해야 높은 마케팅 성과를 기대할 수 있다. 또한 기여도 분석을 통해 운영 중인 마케팅 채널에 대한 가중치도 부여할 수 있기 때문에, 예산을 더욱 효과적으로 배분하는 것도 가능하다.

이 책에서 기여도 분석에 대한 모든 것을 다룰 수는 없지만 몇가지 분석 모델을 알아보면서 마케팅 채널에 대한 기여도를 이해할 수 있을 것이다. 기여도 분석에 주로 사용 되는 모델은 크게 6가지가 있으며 하나씩 살펴보도록 하자.

### 1. 첫 번째 상호작용 (First Click)

고객이 상호작용한 첫 번째 마케팅 채널이 전환에 100% 기여했다고 간주하는 모델. 사용자의 구매 여정에서 브랜드를 처음 발견하고 인지하는 과정에 가장 중점을 두는 모델이며, 마케팅의 목적이 신규 사용자 획득이나 브랜드 인지도 향상에 있는 경우에 적합하다.

### 2. 마지막 상호작용 (Last Click)

고객이 구매를 일으키기 바로 직전에 상호작용한 채널이 전환에 100% 기여했다고 간주하는 모델. 가장 직접적이고 직관적이며, 측정과 평가가 확실하다는 장점이 있다. 하지만 고객이 구매 여정 과정에서 거치는 다양한 마케팅 활동에 대한 효과를 무시하는 방법이다. 과거에는 기술적으로 세분화된 마케팅 성과 측정이 어려웠기 때문에 가장 많이 사용되었던 방법이기도 하다.

### 3. 마지막 간접 클릭 (Last Non-Direct Click)

직접 트래픽을 제외하고, 고객의 마지막 상호작용이 전환에 100% 기여했다고 간주하는 모델. 전환으로 이어진 직접 방문은 마케팅 성과에서 제외하는 것이 핵심이다. 이 역시 다양한 마케팅 활동에 대한 효과를 무시하는 것에는 변함이 없다.

### 4. 선형 (Linear)

고객의 전환 경로에서 발생한 모든 상호작용에 동일한 가중치를 부여하는 모델. 이 모델의 경우 마케팅 채널에 대한 세부적인 영향력과 효과를 분석하는데 한계가 있다.

### 5. 위치 기반 (Position-Based)

첫 번째와 마지막 상호작용에 가장 중점을 두어 가중치를 부여하고 나머지 중간에 속하는 상호작용에 가중치를 분할하는 모델. 6개의 상호작용이 발생했고 첫 번째와 마지막 상호작용이 각각 30%의 가중치를 갖고 있다고 하면, 남은 40%를 나머지 4개 상호작용에 10%씩 배분하는 방식이다. 첫 번째 상호작용에서 발생한 브랜드 인지의 효과와 마지막 상호작용에서 발생한 직접 전환에 대한 효과에 가중치를 두면서 나머지 지원 채널에 대한 마케팅 기여도까지 측정가능한 모델이다.

### 6. 시간 가치 하락 (Time Decay)

고객이 접한 상호작용에 시간 가중치를 둔 모델. 전환 직전에 발생한 상호작용이 가장 높은 가중치를 갖고, 시간이 지남에 따라 그 가중치가 기하급수적으로 줄어들게 된다고 간주한다. 기여도의 가중치가 줄어드는 기간은 설정이 필요하며 일반적으로 이 기간을 7일로 설정하는 경우가 많다. 오늘 전환이 발생한 상호작용 보다 7일 전에 발생한 상호작용의 가중치는 오늘의 절반 수준으로 평가되는 것이다. 비즈니스마다 이 반감기에 대한 기간은 논쟁의 여지가 있다. 하지만 이 기간은 정착되고 고정된 것이 아니라 설정하는 것이기 때문에, 각 비즈니스마다 가장 적합한 기간을 기준으로 기여도를 맞춤 분석할 수 있다는 장점이 있다.

디지털 매체에서의 사용자 행동 패턴을 고려하면 5번과 6번의 모델이 가장 마케팅 성과 분석에 근접한 모델일 것이다. 하지만 비즈니스의 특성이 다르기 때문에 분석 결과 역시 모두 다르게 나타난다. 예를 들어 한 번 클릭으로 구매까지 이어지기 쉬운 생필품 등의 저관여 상품은 라스트 클릭 모델이 가장 적합할 것이다. 때문에 기여도 분석 모델을 선택할 때는 비즈니스와 소비자의 구매 패턴을 고려해서 선택하고 사용하면 된다. 중요한 것은 이러한 기여도 분석에 따라 마케팅 예산을 각 매체에 적절히 배분하는 것. 그리고 노출, 인지, 지원, 전환 성격에 적합한 채널 성격에 따라 그에 맞는 마케팅 커뮤니케이션 및 콘텐츠 전략을 구성하는 것이 미디어 믹스의 과정이라는 것이다.

이 책에서 다룬 내용은 미디어 믹스와 관련한 구체적인 실무 내용은 아니다. 특히, 이제 막 페이스북 광고를 시작한 분들에게는 어렵고 멀게만 느껴질 내용일 수도 있을 것 같다. 하지만 이 책을 통해 효율적인 페이스북 광고 운영이 가능해지고, 나아가 마케팅의 성과를 더욱 높여가고자 할 때, 어떠한 것이 더 필요한지에 대한 방향성과 정보를 조금이라도 더 제시하기 위해 준비해 보았다. 페이스북 광고는 디지털 마케팅 과정에서 광고 채널 운영에 속하는 극히 일부분이기 때문에 이 단계를 넘어설 때 더욱 많은 것들이 필요할 수 있다. 때문에 운영 중인 브런치(블로그)와 추후 출간 예정인 책 들을 통해 더 많은 디지털 마케팅 실무에 대한 내용을 풀어보고자 한다.

**1판 1쇄 인쇄** 2019년 12월 10일
**1판 1쇄 발행** 2019년 12월 20일

———

지 은 이  이민규
발 행 인  이미옥
발 행 처  디지털북스
정    가  15,000원
등 록 일  1999년 9월 3일
등록번호  220-90-18139
주    소  (03979) 서울 마포구 성미산로 23길 72 (연남동)
전화번호  (02) 447-3157~8
팩스번호  (02) 447-3159

———

ISBN 978-89-6088-289-8 (03320)
D-19-29
Copyright ⓒ 2019 Digital Books Publishing Co,. Ltd

**DIGITAL BOOKS**
디지털북스